大眾心理館 吳靜吉博士策劃——336

每冊都解決一個或幾個你面臨的問題，每冊都包含可以面對問題的根本知識

青年的四個大夢

人生價值、良師益友、終身志業和愛的尋求

吳靜吉 著

遠流出版公司

國家圖書館出版品預行編目（CIP）資料

青年的四個大夢：人生價值、良師益友、終身志業和愛的尋求／吳靜吉著. -- 五版. -- 臺北市：遠流, 2012.04
面； 公分. --（大眾心理館；336）

ISBN 978-957-32-6963-2（平裝）

1.青年心理學

173.2 101003873

大眾心理館 336

青年的四個大夢

人生價值、良師益友、終身志業和愛的尋求

作者：吳靜吉博士
策劃：吳靜吉博士
主編：林淑慎
採訪編輯：林宜昭
特約編輯：陳錦輝
封面繪圖＆設計：唐唐

發行人：王榮文
出版發行：遠流出版事業股份有限公司
100 臺北市南昌路二段 81 號 6 樓
郵撥／ 0189456-1
電話／ 2392-6899 傳真／ 2392-6658
著作權顧問：蕭雄淋律師

2012 年 4 月 1 日 五版一刷
2019 年 5 月 16 日 五版六刷
售價新台幣 280 元（缺頁或破損的書，請寄回更換）

ISBN978-957-32-6963-2
遠流博識網
http://www.ylib.com E-mail: ylib@ylib.com

青年的四個大夢

人生價值、良師益友、終身志業和愛的尋求

吳靜吉 著

出版緣起

王榮文

一九八四年，在當時一般讀者眼中，心理學還不是一個日常生活的閱讀類型，它還只是學院門牆內一個神秘的學科，就在歐威爾立下預言的一九八四年，我們大膽推出《大眾心理學全集》的系列叢書，企圖雄大地編輯各種心理學普及讀物達二百種。

《大眾心理學全集》的出版，立刻就在台灣、香港得到旋風式的歡迎，翌年，論者更以「大眾心理學現象」為名，對這個社會反應多所論列。這個閱讀現象，一方面使遠流出版公司後來與大眾心理學有著密不可分的聯結印象，一方面也解釋了台灣社會在群體生活日趨複雜的背景下，人們如何透過心理學知識掌握發展的自我改良動機。

但十年過去，時代變了，出版任務也變了。儘管心理學的閱讀需求持續不衰，我們仍要虛心探問：今日中文世界讀者所要的心理學書籍，有沒有另一層次的發展？

在我們的想法裡，「大眾心理學」一詞其實包含了兩個內容：一是「心理學」，指出叢書的範圍，但我們採取了更寬廣的解釋，不僅包括西方學術主流的各種心理科學，也包括規範性的東方心性之學。二是「大眾」，我們用它來描述這個叢書的「閱讀介面」，大眾，是一種語調，也是一種承諾（一種想為「共通讀者」服務的承諾）。

經過十年和二百種書，我們發現這兩個概念經得起考驗，甚至看來加倍清晰。但叢書要打交道的讀者組成變了，叢書內容取擇的理念也變了。

從讀者面來說，如今我們面對的讀者更加廣大、也更加精細（sophisticated）；這個叢書同時要了解高度都市化的香港、日趨多元的台灣，以及面臨巨大社會衝擊的中國沿海城市，顯然編輯工作是需要梳理更多更細微的層次，以滿足不同的社會情境。

從內容面來說，過去《大眾心理學全集》強調建立「自助諮詢系統」，並揭櫫「每冊都解決一個或幾個你面臨的問題」。如今「實用」這個概念必須有新的態度，一切知識終極都是實用的，而一切實用的卻都是有限的。這個叢書將在未來，使「實用的」能夠與時俱進（update），卻要容納更多「知識的」，使讀者可以在自身得到解決問題的力量。新的承諾因而改寫為「每冊都包含你可以面對一切問題的根本知識」。

在自助諮詢系統的建立，在編輯組織與學界連繫，我們更將求深、求廣，不改初衷。

這些想法，不一定明顯地表現在「新叢書」的外在，但它是編輯人與出版人的內在更新，叢書的精神也因而有了階段性的反省與更新，從更長的時間裡，請看我們的努力。

目錄

第一篇　人生理想的追尋

第二篇　尋求人生的價值

第三篇 尋求良師益友

第四篇 尋求終身的職業或事業

第五篇 愛的尋求

目錄

目錄

目錄

〈推薦〉
人生理想的規劃與堅持

我是在國立藝專唸書時，開始對心理學產生高度的興趣，每一次去逛書店，除了音樂類的書籍，只要是心理學的書，幾乎都會買下來閱讀。所以當時由吳靜吉博士策劃，遠流出版公司出版的《大眾心理學》系列全集，當然也就成爲我相當重要的閱讀與收藏對象。

一九八〇年我離鄉背井遠赴維也納求學，正好吳博士的《青年的四個大夢》在此時出版，這本書自然也就成爲我出國期間隨身攜帶的珍貴讀物。吳博士在書中提到，有四個夢想對人生的影響最大，分別是「尋求人生價值」、「尋求一位良師益友」、「尋求終身的職業或事業」，以及「愛的尋求」。巧合的是，其實在出國之前，對於音樂我純粹抱著「玩樂」的態度，並沒有明確的「理想」可言；也就是在出國之後，我才開始認真規劃自己的夢想，也開始思索自己的人生價值所在。

這與吳博士所提到的「青年的四個大夢」相當契合，我也因此經常反覆思考著這四個大夢

的意含。書中的內容讓我深信，一個人有了夢想，就不免會遭遇挫折；而有了挫折，就一定會產生反應，從而，必須要設法面對並解決困難。

和其他心理學的書不同，《青年的四個大夢》很像是一本小說，讀來總讓人心情輕鬆而愉悅，也讓人有更多的力量與勇氣，去面對追尋夢想的過程中不免會遇到的各種挫折。因此，我把這本書當成非常重要的生活伴侶，在異鄉求學的期間，隨時閱讀，細細體會。

回國之後，我在國立藝術學院（現國立台北藝術大學）擔任教職迄今，二十多年的教學生涯中，我曾經五度擔任大一新生的導師。當時也相當年輕的我，面對一群剛剛從高中畢業，懵懵懂懂，才要開始追尋自我與夢想的小毛頭，常常現學現賣，用書中的內容，融合我自己的經驗以及朋友的例子，為年輕的朋友解惑。

後來我創辦了打擊樂教學系統，系統中的年輕老師大多是音樂科系畢業的學生，捨棄在家教音樂的優渥收入，投身一個新的、收入固定的教學體系，我相信，必然是因為想要追求心中的夢想吧，所以我總是樂於與他們分享這本書所帶給我的體會與感動；我所創辦的打擊樂團，每當招考了新的團員或行政人員，我也會要求他們讀一讀這本書。而我在各種場合演講時，更常常引用書中的例子當作話題，鼓勵有理想、有衝勁的年輕人。

回國至今已經二十多年，人生經驗因為歷練多了，而變得為豐富許多，只是我發現，無論經驗如何的變化，似乎總是和吳博士所說的四個大夢緊緊契合。所以雖然書名為「青年的四個大夢」，但說是「人生的四個大夢」，一點也不爲過，無論是不是青年，相信都可以從這本書中學到許多人生的意義。

很高興聽到遠流將重新出版這本書，同時吳博士也因應社會的變遷，作了進一步的修訂，並加入多篇新的文章。藉此，我想表達對於吳博士的感謝，因爲這本書總是能夠適時給我希望與鼓勵，而我也相信，增訂版的《青年的四個大夢》將同樣帶給現代人最爲豐沛的心靈慰藉與支持，讓他們有更多面對挫折，以及堅持理想的勇氣與想法。

國立臺北藝術大學校長

朱宗慶

Four Great Dreams of Youth

〈推薦〉滿含淑世的熱情

五十初度，重新閱讀靜吉先生在二十餘年前寫就的《青年的四個大夢》，以及即將出版的增訂版，彷彿一面明亮的鏡子，照映我自己從青少年走向中年的行跡與身影。此際我剛出版自傳體散文《有風就要停》，在省思及感悟中，更加敬佩靜吉先生以心理學家的專業，滿含淑世的熱情，誠敬以對現實人生的普及寫作。

青年之夢，合當已經脫離少時寫「我的志願」的童稚之趣，易言之，要是比較有現實基礎，比較有實踐的可能性的，靜吉先生告訴青年朋友：「追尋」之必要。發現自我，開發智慧潛能，然後勇於去實踐，這是一種面對人生的積極性作爲。他淺說理論、愼舉實例，把道理說得讓讀的人很快就懂，年輕朋友從中吸收、轉化，必有助於走人生之長路。

我完全同意靜吉先生把人生「價值」之追尋當作青年的第一個大夢，也建議讀者以其中的諸多表格來自我檢驗，眞實面對自我，這是最根本的人生課題；然後才能談另三個夢：良師益友、終身的職業或事業，以及愛。

良師益友及永遠的愛，不只「可遇」，亦應「可求」，這裡面是有「人緣」，但也得「努力」，在被動等待與主動尋求之間，如何調適到恰如其分，靠的是「智慧」。所謂「多元智慧」，不只面對職業或事業，在人際關係上也是一大關鍵。

然而，人生理想有追尋便可能產生挫折，有挫折就得積極去適應，於是必得知道挫折何由而生？靜吉先生分從學理與個案告訴我們：什麼是挫折感？其來源如何？徵候又怎麼樣？如何有積極而正面的適應？又如何避免破壞性的適應？而更重要的，他告訴我們要努力把挫折「昇華」，把危機變成達於理想的「轉機」。

《青年的四個大夢》不只是要給青年看的，對於爲人師、爲人父母者，乃至於關心青少年的社會人士，都是一本值得參考的書。值此社會變遷快速，青少年問題層出不窮之際，靜吉先生結合現實，詳加增訂本書，所散發出來的，仍是他那飽滿的人文涵養與淑世的熱情。

國立中央大學中文系教授
李瑞騰

增訂版序（二〇〇四年版）

爲什麼要增訂？

《青年的四個大夢》第一次出版是在一九八〇年，不管時代怎麼變化，追尋青年的四個大夢——(1)人生的多元價值，(2)良師益友，(3)終身學習的職業或志業，以及(4)愛情、友情、伙伴情——是永恆不變的。許多當年的讀者都已進入中年，他們一方面要回顧自己青少年的成長歷程，另一方面也利用四個大夢的架構，反思整理自己進入中年以及規劃未來的人生追尋方向。

二〇〇三年九月，我應邀到中國大陸的汕頭大學，對剛入學的大一學生演講——「追尋青年的四個大夢」。他們熱烈的反應和事後的回饋使我更加堅信，「追尋四個大夢」也是今天的青年、甚至是中年人的必經之路。

但是二十幾年來，整個社會、整個世界也的確發生許多變化，這些變化影響了青少年的選擇。今天的青少年上網查詢資料、聊天遊戲、學習互動、收送e-mail、找工作、購物已是家常

便飯，人手一機、二機甚至三機也不是異數，這些都是一九八〇年代讀者所沒有的經驗。

數位內容和文化創意這兩種產業，正是今日青少年所面臨的挑戰，近年來這些新興事業的成形和發展，是人類能力的展現，也證明了人類多元的潛力。一九八三年哈佛大學教授迦納（Howard Gardner）出版專著，說明人類除了ＩＱ以外，至少還有其他多種智能或智慧，這個發現提供了青少年自我了解、自我選擇、自我發展的定位架構，人生價值及反應價值的學習、學業與就業的選擇，自然就更加多元化了。透過這一個多元智慧（能）的架構，每一個人都能找到他的最愛。

愛情、友情、親情、伙伴情的需求，是古今中外永恆不變的人性，但是今天的青少年以及他們的父母甚至是祖父母，都因社會風氣的改變而頓覺「相愛容易，分手不難」了，愛與被愛的確比以前更需要珍惜與經營。

在種種的愛與被愛的關係中，追尋良師益友也是青少年的關鍵夢想，尤其是在知識爆炸、多元而容易取得，人人各有專長且強調團隊合作的學校學習、職場工作和社交活動當中，如何建立有益自我發展、終身學習的師徒關係以及共識成長的分享社群，就變得特別重要了。

如何增訂？

增訂版的《青年的四個大夢》，就在反映永恆不變的四個大夢，以及因應社會變遷而改變的事實與趨勢。一九八〇年版總共收錄22篇文章，增訂版則爲29篇文章，其中有10篇文章是全新的，其他的19篇則是原來22篇文章的重新組合。

增訂版的最大特色就是以迦納的八種智慧做爲參考架構，例如在第一篇〈人生的理想追尋〉中增加了〈多元智慧，精采人生〉；在第二篇〈尋求人生的價值〉中，則增加了〈發現你擅長的智慧〉；在第四篇〈尋求終身的職業或事業〉中，增加了〈從多元智慧的角度選擇職業〉。這三篇文章除了舉例說明「什麼是八大智慧」以外，也提供檢核表讓讀者了解自己擅長什麼智慧，或適合從事什麼職業。

第二篇〈追尋良師益友〉中，也增加以八大智慧爲架構的〈四類師徒與三八社群〉，除了提醒讀者在追尋人生價值和學業、職業的歷程中如何尋求良師益友之外，你究竟要事半功倍地建立「創業精神型」或「從一而終型」的師徒關係，還是要事倍功半地建立「機會主義型」或「守株待兔型」的師徒關係，自己完全可以選擇；在同輩者無論是同學、朋友、同事甚至網友之間，如何根據「三人行必有我師」或「八大智慧」的原理，建立學習成長的社群，自己當然也可以主動的自由選擇。

知識經濟、創意產業等開拓了新工作，而新工作需要新態度。有關數位內容、創意產業等的新學程、新學系、新研究所、跨領域學習、新工作坊、新學習產品，在在反映社會的變遷，也都如雨後春筍般的出現。高科技、生物科技、創意產業、數位內容產業的公司，都在尋求T

型或A型的人物。在未來的工作中，青少年如何讓自己成爲T型或A型人物，總要有個追尋學習的開始。而在生活和職場中，就連性格上也都鼓勵剛柔並濟的陰陽同體，這些都需要在愛與被愛中成長，都需要認同與追尋。

追求理想難免遭遇挫折，如何適應挫折，哪些是「積極適應挫折的典範」，「發揮幽默力量」是否可以有效適應挫折，都是新增文章。如果有人不幸已經走上社會肯定的圈外，如何化不利爲有利，化缺點爲優點，「回頭是岸」很可能是新工作、新學習和昇華的機會，這也是本書的希望。

要感謝誰？

首先要感謝一再鼓勵重新出版的那些朋友，或僅只是一面之緣的中年讀者，當然也要感謝對一九八〇年版貢獻很多的張聰賢、丁興祥等人。

最後要感謝協助增訂版出版的所有人，遠流出版公司大衆心理學叢書的編輯同仁，擅長三合一、一分爲二等技巧，名副其實的責任編輯林宜昭，當然包括負責貢獻腦力和精力的卓龍傑和王涵儀。

作者序（一九八〇年版）

人活著就會不斷地自問：生命究竟有沒有意義？生命有沒有價值？人生的目的是什麼？用一句最普通的話來說，就是：「我活著幹什麼？」

有些人陷入這樣的問題而不能自拔，也有些人不鑽生命的牛角尖，卻逆來順受地活著。大多數的人生觀則是介於兩者之間的。那又是什麼樣的基本人生觀呢？也許《徬徨少年時》（*Demain*）的作者赫塞（Hermann Hesse, 1877-1962）對人生的看法可以回答這個問題。他說：「生命究竟有沒有意義並非我的責任，但是怎樣安排此生卻是我的責任。」

每個人都沒有權利對母親說：「媽！請妳在某年某月某日某時生我。」我們也不可能長生不死，自然的生與死由不得我們，而這自然的生與自然的死之間，就是我們必須安排的一生。人生進入青年期之後，我們必須相信自己可以安排往後的日子，做個對自己成敗負責的人。成功了，我自會享受成就；失敗了，我當然改進。

基於此，首先，我們需要了解四個影響我們進入成人世界的大夢，然後有效地努力實現這

些大夢，才能三十自立，四十而不惑。這本書的文章，便是以積極的方式提供線索，讓讀者了解青年的四個大夢，以及實現這些大夢的一些感受與想法。

面對人生，與其花時間和精力怨天尤人，不如把同樣的時間和精力，用來製造機會或把握機會，了解並實現自己的四個大夢。這就是出版這本書的主要用意。

如何閱讀本書？

本書共由22篇文章組成，分爲六部分。第一部分是青年的四個大夢——人生理想的追尋，第二部分是青年的第一個大夢——尋求人生的價值，第三部分是青年的第二個大夢——尋求良師益友，第四部分是青年的第三個大夢——尋求終身的職業或事業，第五部分是青年的第四個大夢——愛的尋求，第六部分是青年的四個大夢——人生理想的挫折與適應。第一部分和第六部分是簡介人生理想的追尋以及追尋過程中可能遭遇的挫折和適應的方法。第二、三、四、五部分，則分別介紹人生的每一個大夢。

這些文章的組織，就像人生理想的追尋一樣，雖有架構可依，有脈絡可尋，然而整本書的組織與結構並不是十分嚴密的。實際的人生不也是如此嗎？

在第一部分簡介青年的四個大夢之後，其餘幾篇文章，我是在強調如何發掘並發揮自己的潛能。希望讀者在讀完每篇文章後，能有感而發寫下自己的心得感想或計畫。因此，在每篇文章之後都留有一頁空白，讀者可積極地，建設性地回顧與前瞻自己的往昔與將來，寫下自己理想的追尋，並以具體的行爲發揮自己的潛能，使「大夢」成眞。

其餘的各部分也是如此，在每篇文章之後，也都附有「心得筆記」，同樣地希望讀者，對自己的每個大夢，都寫下自己的心得。

感謝的話

謝意的表達比接受容易，至少對我是這樣的。

這本書的誕生，我要感謝張聰賢、丁興祥，以及許多擅長軟式盯人邀我演講或寫文章的人。有些文章，便是在這樣半推半就中完成的。當然，我也要感謝出現在書中的人物，給我生命的父母，助我保持年輕的親友、同事、學生。最後還要謝謝遠流出版公司的朋友。

第一篇

人生理想的追尋

耶魯大學的心理學教授李文遜曾經做過一個研究，發現十七到三十三歲的這個人生階段，對日後的發展影響很大。這個階段的年輕人，都有很多夢想，其中又以四個大夢影響最大，四個大夢的形成，直接影響到他往後成爲什麼樣的人。

你，是不是也想了解這四個大夢的追求之道呢？

世界上所有的偉大人物都曾經是要月亮的孩子；跑著、爬著，他們有時抓住一隻螢火蟲。

——史坦貝克（John Steinbeck），〈金杯〉

人攀明月不可得，月行卻與人相隨。

——李白，〈把酒問月〉

1 人生理想的追尋

青年人有很多很多的夢想，歸納起來，其中有四個大夢影響最大。一個人在十七到三十三歲期間有沒有形成這四個大夢，將影響他往後成為什麼樣的人。

生命究竟有沒有意義並非我的責任，但是怎樣安排此生卻是我的責任。
——赫曼・赫塞（Herman Hesse），《彷徨少年時》（*Demain*）

一九五二年諾貝爾和平獎得主史懷哲先生（Albert Schweitzer, 1875-1965）是大家熟悉的人，他是位人道主義者，是位醫生，也有人尊稱他爲「非洲之父」。然而，他原先卻是學語言、音樂、神學的。青年時期的史懷哲，對於服務人群、尊重生命到底是什麼並不是很清楚。一直到三十歲，他才決定要行醫懸壺以救世，也才決定去最原始蠻荒的黑暗大陸——非洲。爲什麼他會有這樣的決定？這樣的轉變是怎麼發生的？也許，我們可由他小時候的「肉湯事件」，看出一些端倪。

史懷哲與肉湯事件

史懷哲的父親是位牧師，家中生活還算富裕。有一次，他和附近的一個窮人家的小孩子打架，結果他打贏了，那個小孩對他說：「如果我家每個星期也吃兩次肉湯的話，我相信你就不會贏過我了。」當時，史懷哲也許不知道這件事代表什麼，只覺得自己與他們不一樣。凡此種種的小事，可能是他日後為人群服務的種子。

三十歲的史懷哲，放棄原有傳教、教書為人群服務的路，毅然決然地決定到非洲去，以醫生的身分服務人群。他開始申請就讀醫學院。那時候醫學院的院長覺得很奇怪，以為他神智不清。也有些人以為他失戀了，想離開以免觸景生情。猜測及忠告紛紛而至，但是他仍堅持入醫學院。最後院長不但讓他入學，而且還免學費。經過七年的苦讀，他終於畢業了。

三十八歲的史懷哲，坐船到非洲去了。三十八歲已經進入人生的「中年」階段，對史懷哲來說，也許正是個新的開始。

每個人的一生，多多少少都會遇到一些不如意的事，甚至有時候還危機重重。每個人也多多少少有些夢想。有些夢想我們可稱之為大夢，是與整個人生有關的，人生的危機與夢想確實也有密切的關聯。

誠然，每個人的遭遇似乎都是命定的；然而，其中仍有無數的轉機是取決於個人的。

——赫塞

史坦貝克說過：「如果一個人到了中年，把過去的一些生活經驗都挖空心思寫光了，豈不是失去了創作的泉源？」其實，不只是作家如此，人生到了中年，的確面臨重新抉擇的問題。這種現象，可稱之爲「中年危機」。

從心理學的觀點來看，中年人是要與人建立親密的關係，使自己充滿活力，而且能照顧別人、照顧下一代。做一個老師，可以肯定自我而把他的愛及知識傳給年輕的一代。做父母的，這時候是給予子女關懷，給予照顧，幫助子女成長、獨立。然而，中年人自己可能會覺得後繼無力，也許會懷疑自己的前半生是否走錯了，而想另起爐灶，又覺得爲時已晚。中年人也有他們難唸的經。

耶魯大學（Yale University）的心理學教授李文遜（Daniel J. Levinson, 1920-94）在四十六歲的時候，覺得自己面臨了中年危機，於是以己度人，也想了解別人是否也如此，爲什麼人到中年會發生這種現象？一般心理學家在論及發展心理學的時候，大多限於兒童和青少年時期，對於二十一歲以上的人很少研究。好像二十一歲以上的人一下子都飛了起來，什麼問題都沒有似的。

李文遜覺得並非如此，於是他便著手研究中年人的問題，一方面也想從研究中得到了解自己的

機會。

李文遜研究的對象，包括四十位各種職業的男人。年齡從三十五到四十五歲，也就是即將或剛進入中年階段的人。其中有企業界的管理人員、生物學家、作家、工人等。他發現這些人有個共同點，就是十七到三十三歲這段人生階段，對他們日後的發展影響很大。他把這段期間稱之爲**初出茅廬**或是**生手**的階段，也就是邁進成人世界的生手。李文遜發現，這個時期的青年人有很多很多的夢想，歸納起來，其中有四個大夢影響最大。一個人在十七到三十三歲期間有沒有形成這四個大夢，將影響他往後成爲什麼樣的人。

第一個夢：尋求人生價值

人生以服務為目的。

——國父孫中山先生

人生的第一個大夢是：一個人希望自己成年時，在成人的世界中將扮演一個人什麼樣的角色，要做什麼樣的人。也就是人生追求的價值是什麼。

有些人也許覺得自己心中並無大志，只希望做個平平凡凡的人，到時候自然地結婚生子。有了孩子嘛！自然就變成父母親。一切順水推舟，反正船到橋頭自然直，這並非什麼**大夢**呀！當然，任何人都應該有自由選擇生活方式及生活的價值權利。其實，願意平凡過一生，本身就是一種生活態度，這便是一種抉擇，經過選擇的理想就是**大夢**。

一個人總是要了解自己，希望將來自己在社會的地位何如？扮演何種角色？人生在世所為為何？對於這個**大夢**有的人可能很具體，有的人很不具體。有的人好高騖遠，眼高手低；而有的人卻妄自菲薄，扮演著低於自己能力的角色。比如說：

- 有些人想成為諾貝爾獎的得主。
- 有些人想做個音樂家。
- 有些人不管做什麼，只要人家敬慕他，走在街上有人注意他就滿足了。
- 有些人想要做歌星、明星。
- 有些人只要在深山裡做個盡職的小學教員。

第一個大夢並不是職業的問題，而是一個人生命的目標、生活的目標。它是對未來擬定藍圖，作個計畫，對人生做一個統籌，做一個肯定，抉擇自己一生做個什麼樣的人。

史懷哲決定以服務人群為他生活的目標。雖然做一個牧師、一個教師也可以服務人群，然而，他最後決定以醫生的身分完成他的第一個大夢。美國詩人佛洛斯特（Robert Frost, 1874-1963）在大學時，在一個偶然的機會知道他將來要做什麼。什麼樣的偶然機會呢？有一天，他的老師指定他們去找雪萊（Percy Bysshe Shelley, 1792-1822）的詩，他看了很感動。「啊！這個東西是我

所要的。」他覺得自己和它心心相印、一見鍾情。於是不但找了指定的讀物，還找遍整個圖書室的英詩。在讀了雪萊、濟慈（John Keats, 1795-1821）等人的詩集後，愈讀愈覺得詩才是他一生所要的。那時候的佛洛斯特很孤獨，別的大學生喜歡參加許多活動，然而他並非如此，他不活躍。就在彷徨孤獨時，詩給了他很大的力量。他常常一個人在橋下讀詩，別人問他：「你在看什麼？」他說：「我在嚼樹根。」就在這個年齡，他肯定自己要做個詩人。

佛洛斯特尋求的人生價值是詩的創作生活，是屬於美感的範疇；而史懷哲尋求的人生價值是服務人群，比較屬於善的範疇，二者都是在實現自我的潛能。我們也常聽人說，人生的目的不外乎名、利或權。其實這些名、利、權並不具人生的終極價值，而只具有「工具」的價值。追求眞善美的自我實現則具有終極價值。名、利、權固然可以做爲服務人群、領導國家等等的工具，但這也如同炸彈一樣，用之不愼則易害人害己。也有人說人生的目的在求溫飽，那就是我們前面所說的人生無大志。

人的潛能無限，無論在求眞、求善、求美，各方面的潛能都是無限的。我們追求人生的價值，當然必先求得溫飽，但人生尙需更上一層樓——實現個人的潛能。

第二個夢：尋求一位良師益友

我獨不願萬户侯，惟願一識蘇徐州。

——秦觀

青年人在追求人生價值的歷程中，由於外在世界並不清楚，經驗也有限，因此很需要一位成人幫助他，提供資料讓他選擇，在必要時給予鼓勵，傾聽他的訴苦，分享他的希望。這個人就是平常我們所謂的**導師**。這位導師很可能只是青年人的**人師**而不是**經師**。青年人在決定生活目標之後，就需要一位經師。這位經師也就是在本行內可以做爲楷模的對象。最佳的情況當然是集人師、經師於一身。這樣的人可以叫做師父、師兄、師姊，英文是 **mentor**。

李文遜研究四十個人的發展發現：一個人在十七歲三十三歲這段期間，能否獲得這樣一位良師益友，對未來影響很大。這樣的事實，在文藝界、學術界可說是不勝枚舉。

先前有個研究更可以說明這種現象。這個研究以美國大型企業一千多位高級主管爲對象，結果發現這些高級主管年輕時，尤其是開始就業的前五年，有無良師益友對他事業影響很大。有則成功機會大，速度快；無則成功機會小，速度也較慢。

那麼，爲什麼青年人需要良師益友呢？

小時候，我們把父母當成萬能的。到青年階段，發現知識廣泛，世界龐大，需要父母以外的成人做爲學習的楷模，或是理想的導師。我們也可稱這個人爲**心理上的父母**。有了良好的楷模，可以免去許許多多不必要的摸索。楷模是最好的人力資源。中國人所謂「名師出高徒」、「青出於藍而勝於藍」，便是在說明一個導師的重要性。

這位導師可能是實際生活中接觸到的人物，也可能只是你從傳記、書本或是其他方面間接

接觸到的人物。一九七七年諾貝爾醫學獎得主雅婁（R. S. Yalow）在她唸高中時，想做個賢妻良母，也很想成爲一個女科學家。然而在當時的美國，一個女學生要成爲出色的科學家已經不太可能，更何況又要家庭與事業兼顧。她在一個偶然的機會中，讀到居禮夫人（Marie Curie, 1867-1934）的傳記，從此便以居里夫人爲楷模。雅婁這種以居里夫人爲楷模，便是間接透過傳記的方式。

在我國文學史、藝術史上，這樣的例子也很多。宋代大詩人蘇東坡（1036-1101）對陶淵明（365-427）的景仰與模仿，就是透過間接的接觸，他們不可能面對面的促膝而談。然而，同時代的另一位大詩人秦觀卻能直接以蘇東坡的言行爲表率。他的作品中曾有「我獨不願萬戶侯，惟願一識蘇徐州」的詩句。

前面提到的美國詩人佛洛斯特，他想像中的間接心儀的導師是雪萊。而直接幫助他，鼓勵他的是華德兄妹（William & Susan Hayes Ward）。這兩位兄妹在佛洛斯特二十歲生日前，決定發表他的詩作〈我的蝴蝶〉（My Butterfly），並且寫信鼓勵他，讚揚他，使佛洛斯特肯定了自己寫詩的目標和能力。

天涯何處無良師，一個青年人在尋求人生價值時，可以多方面的接觸良師益友，傳記未嘗不是可以尋求的資源。學校、工作環境中也是有效的資源。如果能做到「與君一席話，勝讀十年書」，那眞是人生一大樂事。

第三個夢：尋求終身的職業或事業

勸諸君立志，是要做大事，不要做大官。什麼事叫做大事呢？大概地說，無論哪一件事，只要從頭至尾徹底做成功，便是大事。

——國父孫中山先生對廣州嶺南大學學生演講詞

人生的終極價值在實現自我的潛能，如果一個青年人決定以服務人群爲人生價值，他要透過什麼樣的工作或職業服務人群呢？廣義的說，做好任何一種合情、合理、合法的工作或職業，就是服務人群。然而，狹義來說，服務人群可以說是助人關係的工作，而助人關係的工作包括：社會工作員、輔導員、傳教士、醫生、護士等等。史懷哲到三十歲才決定以醫生的身分到非洲從事服務人群的工作。

尋求一種職業，事實上，也是獲得基本生活的保障。美國詩人史蒂芬斯（Wallace Stevens, 1879-1955）就是以保險業爲工作。佛洛斯特早年也曾經做過工人、教師、農民。雖然教師是個好職業，他在三十八歲時卻放棄這樣的職業，而將全部的時間、精神從事詩的創作。從這時候起，佛洛斯特可說是將第一夢和第三夢合而爲一。

一個人到十七歲高中畢業時，如果不升學的話，就需要工作以滿足自己生活的基本需要。

這是人基本安全感的滿足。如果畢業了兩三年還未找到工作，或是大學畢業後半年一年還未找到工作，那簡直沒法與人說話。「啊！最近在找了。」「我爸爸跟我說，他有一個關係……」「我姊夫在貿易公司，他正在幫我找個工作……」，沒找到工作似乎覺得沒臉見同學、朋友，感覺很不安，自己也覺得窩囊，開始逐漸失去信心。這種感覺會很自然的產生，所以尋求職業是很重要的事。

在國內，升學與就業常是連在一起的。爲什麼要升學呢？美國做過一個研究，研究大一學生爲什麼要讀大學，結果發現，大部分的大一學生是爲了找一個比較好的工作。平常我們以爲上大學的目的是在求知、滿足好奇心和求知慾。事實並不然，多數還是爲了找一份比較好的職業。

很多人在尋求職業或讀書時有很多的猶豫。比如說考大學這件事，很多人在高二的時候，爲了考第一類組或第二類組而發愁。考上大學後，如果考上台大還容易接受，如果不是台大而是其他的學校，在比上不足、比下有餘的情況下，也就半推半就地進了大學之門。接著便開始猶豫了。大一的時候便考慮要不要重考？要不要轉系？或者將來打算如何？這種現象的產生，可能是因爲他對成人世界裡每一行業所需的準備和才能，以及將來可能得到的報酬等並不很清楚，甚至於對自己爲什麼要唸某一類組也不清楚。而前面所提到做導師的人，可能也沒有提供足夠有效的資料給青年人參考。

第四個夢：愛的尋求

關關雎鳩，在河之洲；窈窕淑女，君子好逑。

——《詩經・關》

青年人最大的特徵之一，是對愛情的需求和親密友誼的建立，需要一個人同甘共苦。這個人就是平常書籤、卡片上所謂的「For Someone Special」，這是特殊的一個人。由於青年時期性意識的覺醒，往往會誇張兩性之間的愛情，而忽略了友誼的部分。如果能夠強調男女之間的友誼成分、伙伴關係，而不過分誇張愛情，那麼年輕人就有更多的機會從實際交往中，了解並尋求一位終身伴侶。

一個年輕人有固定工作，肯定了人生價值後，便會自然而然地考慮到成家、結婚的問題。這時，親密伴侶的尋求，可能就是將來結婚的對象。

親密的伴侶需要互相喜歡，也要能彼此產生愛情。喜歡一個人會對他有好的評價，尊重他並對他有信心，而且彼此間某些地方有共同相似之處。而愛情是指能關懷對方，願意爲對方設想，彼此感覺親密，而互相思念不已。

在中學或大學時期，或者說在成家立業之前，能有一位刎頸之交、肝膽相照的朋友是非常重要的。就深度友誼關係來看，有親密的朋友——同性或異性的——都很重要。然而，無論友誼和愛情都需要兩廂情願，心心相印，畢竟這是兩個人之間的事。

心得筆記

可以記下你讀了這篇文章後的感想，自我的省視、展望及其他。

2 天生我才必有用

天無絕人之路，天生我才必有用。雖然有時是先天不幸，有時是後天不良。然而，若有適當的機會及環境，個人便可發揮其才能。

人的潛力無窮，從教育觀點來看，不外乎是了解和發揮。要精確地肯定一個人的潛力有時不免會瞎子摸象，以偏概全。因此，要如何發揮潛力，想獲得具體可行的方法，也常有問道於盲的遺憾。

先天不足者

說到「盲」，我們就以盲人爲例，除了按摩之外，他們到底有沒有其他的潛能呢？盲人自己是否有「自知之明」？一般人是怎麼想？心理學家有沒有努力發現？教育學家是否已有效地發揮他們的才能？社會肯不肯將他們列入文化的主流之中？這些都是值得深思的。一些例外成功的盲人卻也都是在「暗中摸索」出來的，偶爾逢遇一兩個知音，給予提攜、支持、引導，然

而大多數恐怕是「死不瞑目」。這對他們個人來講，是遺憾；對社會國家來說，更是損失。

□盲童語文的創作力

為了了解盲者的潛能，美國的教育學家和心理學家都曾積極研究，他們發現，在沒有特別照顧情況下，盲童的語文創造力至少不比一般兒童差，有些研究甚至發現，盲童比一般兒童的語文流暢力、變通力和獨創力方面都顯著地高。為什麼連美國的教育也未必注意發揮這些盲童的語文創造力，社會也未能從他們生理上的缺陷轉而注意特別能力的表現？

眼盲只是一種生理的缺陷。聾啞、肢體障礙，都是生理缺陷。此外，人也可能四肢發達而智力不足，有時候人也會因經濟上的不利而缺少機會發展潛能。

然而，有些人雖然有身心或環境上的障礙及困難，卻能脫困而出，甚至才華洋溢，令人刮目相看。這些已經上了「英雄榜」的如：海倫．凱勒（Helen Keller, 1880-1968）又聾又盲又啞；達文西（Leonardo da Vinci, 1452-1519）學習困難；愛迪生（Thomas Alva Edison, 1847-1931）重聽；法蘭克林．羅斯福（Franklin D. Roosevelt, 1882-1945）小兒麻痺；山下清（Kyosi Yamasita, 1922-71）智力不足，情緒困擾；史蒂夫．汪德（Stevie Wonder）眼盲等等。他們都是一人身兼兩種特殊的角色，一種是殘缺，一種是資賦優異。

畢竟天無絕人之路，天生我才必有用。雖然有時是先天不幸，有時是後天不良。然而，若有適當的機會及環境，個人便可發揮其才能。接著，我便舉三位有潛能身兼「殘缺」及「資賦優異」兩種角色的中外案例，雖然他們都尚未列入「英雄榜」。這三位是台灣的陳志宏、陸荳洲，及日本的吉彥山本。

□嘴腦並用的發明家陳志宏

人雖然只有一張嘴，卻有許多功能。可吃飯、可讀書、可唱歌、可說話，甚至可咬人。除此之外，有時爲了好玩或由於懶惰，也可以口代手撥電話、寫字或工作。然而，如果一個人四肢不能活動，必須完全依賴嘴代替手腳，那可就一點都不好玩了，稍微懶惰的，可能連生存都成了問題。

陳志宏先生出生後不久生了一場病，以致雙手不能活動，兩腳癱瘓，全身還會不住的抖動。即使如此，他卻從肢體殘缺所造成的挫折中走出一條創造發明的道路。雖然「只憑一張嘴」，卻能將他腦中的觀念付諸行動。爲了給自己方便，免除因肢體殘缺帶來的障礙，他發明不少的東西，比如：設計了「自動電話器裝置」，並且也爲一般人發明了電子修護器等等。第一屆炬光青少年技藝觀摩競賽，他得了獎，一夜之間，變成電視、報章、雜誌採訪及寫作的對象，甚至在父母及教師的口中，成爲勉勵兒童的例子。

陳志宏在發明成功之前，一般人——即使是教育家——大概也不會去確認他發明創造的潛

能，期許他發明方面的成就吧！

□聾人畫家陸荳洲

陸荳洲就讀台南啓聰學校時，他的美術老師潘元石先生，將他的一幅作品送去展覽，結果得了獎。這不但使他肯定自己繪畫的能力，對自己的前途也更具信心及勇氣。

一般我們會注意到聾人聽不見、說不出。然而他們在其他不必用及聽與說的能力表現是否會比常人好？國外的研究，說明聾人在圖形的創造能力比常人強。然而像陸荳洲這樣幸運地遇見好老師的情況在國內並不多，也因此成了例外，而他的成功也成爲新聞。

同樣的，屬於圖形創造的動作表達方面的能力，聾人的表現通常高於常人。由汪其楣領導的聾劇團在台北演出時，許多觀衆似乎第一次發現聾人這方面優異的潛能和表現。二〇〇三年，時裝模特兒王曉書因主持手語電視新聞節目而獲得金鐘獎也是一例。

□第二位日本的梵谷吉彥山本

日本有兩位有「日本的梵谷」之稱的藝術家，一是山下清，一是吉彥山本（Yoshihiko Yamamoto, 1983-2003）。根據正式資料，吉彥山本的智商只有四十，也就是我們一般所謂的「低能兒」。當他要進入國民中學時，連「你叫什麼名字」、「你從哪個學校畢業的」等等問題都答不上來。經過他母親六年的努力奔波，到市長的辦公室及其他可能具有影響力的地方遊說，吉彥山本十二歲時，才有機會在智能不足班上課。課堂裡他不吵也不鬧，終日就像一尊佛像坐在那兒動也不動，似乎什麼事都無法引起他的興趣。

吉彥的一位老師經過許多次的嘗試錯誤，終於發現他最喜歡的活動是「臨摹卡通畫」。於是這位老師就鼓勵他用圖畫寫日記，記下他對生活的感受。他的一切教育便以圖畫爲起點，他的生活以圖畫爲中心，因而爲他設計了一套以美術爲中心的特別課程。吉彥山本可以終日畫畫不歇，老師將他的作品送去展覽，並且遊說銀行、店舖購買山本的作品，以便有足夠的錢購買所需的材料及用品。山本的作品慢慢得到注意，作品也愈來愈好，連帶的其他方面的功課也都好了起來。

平常我們發現一個人的智商只有四十時，就會聯想到「笨蛋」、「豬腦」、「白癡」，哪會想到他在其他方面可能的發展。這位日本老師，就像我們的潘元石先生，是眞正了解有教無類的。

有些學者也抱著同樣的心態，要證明：「給予適當的教育，就是智能不足的兒童，也可以增加他們的創造能力。」研究的結果發現，同樣是十至十六歲、智商在五十至八十之間的兒童，那些接受爲期十二星期創造力訓練的兒童，比沒有接受過訓練的兒童，在創造能力的表現要顯著地高。不僅如此，這些接受創造訓練的兒童，對老師的態度比較積極，對學校的工作比

較熱心，個人安全感也比較高。

從經濟水準看，美國和日本都是高度發展的國家，也都在國家發展的過程中，才注意到國民才能的發展，雖然遲了一點，然猶未晚也。日本前首相大平正芳曾在國會發表演講時把「充分發揮兒童的潛能」列爲重要的國策。一個國家首先要讓人民免於饑寒交迫，得以豐衣足食；進而讓人民免於無謂的恐懼，不必時時害怕敵人的侵犯，更不必擔憂未來物質及精神生活的匱乏而不安；再進而免於人與人之間的黨同伐異，使團體有凝聚力，對國家社會有認同感，以自己國家民族爲榮，建立適當的民族自尊心。能夠這樣，整個國家社會才能更進一步發揮所有的潛能，利用已有的資源，不只是充分利用物質資源，更要發揮人力資源，整個社會才能安和樂利，整個國家才能富強康泰，文化精緻高超。

同理，一個人要把自己已有的潛能發揮得淋漓盡致，做一個心理健康、充分發展的人，也要經歷許多不同的階段。所謂「欲窮千里目，更上一層樓」，每個人都有窮千里目的潛能，只是必須由基層步步踏升，才能更上一層樓。

□步步踏升，更上層樓

第一層樓，先要滿足解餓、止渴、避寒等等生理需要。

第二層樓，要盡量避免缺乏安全感的威脅，因此，我們一面盡全力證明自己的存在，建立自己心理上的安全感；另一方面拚命賺錢，以免未來饑渴寒冷。

第三層樓，我們要從被愛和愛人之中，獲得歸屬感。滿足了這種歸屬感，就可以再進上自尊、自信、自重的台階。

第四層樓，一個能自尊、自信、自重的人，就是一個能了解自己缺點的人，接受這些缺點；能夠了解自己優點，而又能誠實地欣賞這些優點，我們就有機會登上最高一層樓，也就是進入自我實現——發揮潛能——的境界。

第五層樓，能自我實現的人，在時間的觀念上，是爲此時此地而生活，過去和未來都只是現在的延伸，不必因過去而後悔無窮或抱怨終身，不因現實的不滿而生活於過去的成功中，也不會因目前的挫折而把一切寄望於未來的夢想。再者，縱然外在世界複雜，人爲的壓力令人厭惡，他還是能抱持事在人爲、有志竟成的心態。並且，即使他面對許多不斷重複的活動，也能以新鮮的眼光、創造的態度解除重複又重複的無聊，突破不必要的限制。這表示他不會墨守成規，他能獨立思考，他能創造昇華，以幽默的方式適應環境，以眞實的情感與人建立親切的關係而又不虛僞造作。他並且能超越對立，承認人與人之間難免有侵略性、攻擊等本能的事實，而不刻意否定、壓抑它。自我實現的人會了解，人基本上是善惡兼具，陽剛陰柔並備，而利己利他未必有衝突，工作與遊戲可以互相調和；他基本上相信：人性是建設多於破壞，助人多於利己，服務多於剝削的！

但是人生下來的起點並非都是一樣的。像陳志宏、陸莹洲、吉彥山本等人比起一般人需要更多的勇氣、努力，還要有更多的機會，才能滿足基本的需求。

陳志宏在其他同齡兒童已經可以躍躍跳跳自給自足時，他還得依賴父母的幫助才能免除饑餓的恐懼，父母及家人的愛及照顧，使他突破生理的限制，以嘴代手而自給自足。對他來說，家是溫暖的，他自然而然地認同了以父母爲中心的團體。十歲以後，在別人同情及輕視的眼光下，他曾說：「要證明給這個世界看，媽媽和爸爸並沒有製造一個廢料；即使我四肢殘障，我也要以聰明的腦筋創造一個奇蹟，一個令我雙親的淚沒有白流的奇蹟。」這種挫折的昇華，和他以前的埋怨：「爲何我不能與正常人一樣同進同出呢？」是截然不同的兩種態度。缺乏積極的人生態度，便沒有創造發明的成功，社會也很難給予同等的機會讓他建立自尊自愛、發揮潛能。

陸莹洲在台南啓聰學校就讀時，內心是如何的不安與自卑。潘元石老師的及時出現，正確的支持與鼓勵，使他消除自卑，確立自信。沒有潘老師，他的繪畫潛能仍然存在；有了潘老師，他的潛能得以發展。

陸莹洲的逢遇知己是意外的幸運，日本吉彥山本遇到良師卻是教育體制下的正常現象。如果沒有山本的老師耐心努力的發掘他的興趣及才能，爲他設計適合的課程，恐怕山本在邁向自我實現的階梯上，早就摔得粉身碎骨了。如果他的老師不以發展學生的才能爲榮，而認爲「放牛班」、「大頭班」只能「放牛」或令人「頭大」，山本又如何能發展潛能呢？如果商業界人士一口咬定一個智商四十的人，就如同「寡婦死了兒子——沒指望」了，山本連自己的名字都答不出來，別人恐怕根本不知這個人的存在。

資賦優異者

社會對於先天或後天身心殘缺障礙的人，要嘛輕視，要嘛過分保護，這都對他們心理的發展不利；更不用說去發掘並展現他們的才能。然而，令我們驚訝的是，我們社會對另一個極端——資賦優異的兒童，也未給予積極的發掘與培養。

這裡所謂的另一極端，是指具有特殊才能而其他身心方面並無障礙的人。「資賦優異」所包含的範圍是很廣泛的，人類的潛能是多方面的，絕不是「定於一尊」、「一以貫之」的。提綱挈領來說，所謂「資賦優異」至少包含六種特殊才能。

□六種特殊才能

第一，一般智慧能力——也就是一般我們所謂的「聰明」，智慧能力高的，是指具有高智商的兒童。

第二，特殊的學業性向——就是在學業成就上，某一科或某方面的成績表現特別優異。比

如：在數學方面具有特殊表現，成績特優。

第三，創造才能——是指孩子在創造或是解決問題時，能以創新、原則、變通的方法，表現或解決問題。

第四，領導才能——能夠激發並能領導整個團體的活動或遊戲，這種能力強的兒童可以在企業或政治上領導他人。

第五，視覺及表演藝術的能力——像繪畫、音樂、舞蹈、雕刻、演戲等方面的表現優異。

第六，動作技能方面的才能——如各種運動方面的才能，或是機械設計或操作方面的才能等等。

一個資賦優異的孩子，可能包含上述一種或多種的才能。資賦優異的孩子，在行為表現上可能比一般的孩子早熟些，表現的成績也比較優異，速度也比較快，或是表現得與衆不同。發掘資賦優異的兒童或青少年，應該從各方面觀察比較，了解他們到底是在何種才能方面具有優異的潛能及表現，而不能只注意他們是否「聰明」、是否「功課好」而已。

□人力資源的開發

資賦優異兒童的教育之於國家人力資源的開發，正如同石油之於國家物質資源的開採。試想，如果此時此地的我國，六種才能都得到適當的發展，以致每年的諾貝爾獎、威尼斯影展、奧運會等等任何表現才能的機會，都有我國人士理所當然的獲獎，縱使沒有正式的外交關係，也必收實質外交的效果，那才是「誰都不能輕侮他」。

然而，這一群具有特殊才能的兒童、青少年或成人，卻如同身心殘缺的人一樣，並沒有納入政治、文化的主流。他們或自生自滅，或懷才不遇，或自認倒楣，或隨波逐流，或離開本土、遠適他鄉，而進入主流的只是少數的例外。也許一個身心方面有缺陷的兒童，需要別人更多的支持與耐心，自己也需要更多的勇氣與信心，才能克服障礙，免於匱乏，而後才可發展潛能。但是對一個起跑就已經勝人一籌的資賦優異兒童，只要我們有意發掘、培養，必然很快就能大放異彩，使他走上實現自我、發揮潛能、貢獻社會的大道。我們實在該給予應有的重視。

其實，眞正的教育均等並非平頭式的平等，這樣的「一視同仁」，已經失去人盡其才的理想。教育均等是在了解每個人的潛能後，提供適當的教育，而達到人盡其才的地步。從這個觀點來說，一個人無論其身心殘缺與否，都應該有權利及機會發展其才能，而一個資賦優異的兒童，也應有權利接受適合他自己才能發揮的教育。這樣的教育均等的觀念是適合於所有兒童、所有人的。

我們社會經濟的發展，已逐漸邁向已開發國家，經濟條件已可以讓我們的社會走向安和樂利、文化精緻高超的地步，每個國民也都應有平等的機會實現自我、發揮潛能。那麼，我們到底爲兒童做了些什麼呢？也許我們並不是沒有做，而是可以做得更好。

□國家主動發掘與培育人才

一九五七年，蘇聯發射第一顆人造衛星之後，美國朝野大為震驚。有些教育界人士甚至認為，蘇聯的發射成功，就是美國教育的失敗。於是新教學方式的提倡、新課程的修訂、創造思考的研究、才能教育的發展，一下子都變成大家矚目的焦點。美國政府甚至訂立〈國防教育法案〉，資助「全國科學才能與培養」會議的召開，並且貸款，設立獎助學金，讓有特殊才能而無經濟力量深造的學生有機會發展他們的潛能。希望這樣能夠迎頭趕上蘇聯。從此，特殊才能的發掘與培養不再是自生自滅的偶發事件，而是國家社會的責任了。

每個人的能力資源都是非常豐富的。一個人從生到死，可能用不到他十分之一的潛能。在一個民主的社會中，教育的目的便在發展每個人的潛能，而發展潛能必須提供人人平等公平的教育機會。但這並不是說提供每個人相等的教育，而是指運用最適當的方法發展每個人個別的潛能，使每個人的能力得到應有的表現，這些發展出來的潛能，就是社會豐富的資源。國父的「服務的人生觀」，就可以說明聰明才智與服務社會的關係。

愛因斯坦（Albert Einstein, 1879-1955）和愛迪生對科學發展、創造發明與人類文明的貢獻是不必提醒的。然而他們對美國社會財富的增加、聲威的遠播卻也非常實在。連我國的小學生都知道在作文簿上寫著：「愛迪生給人類帶來光明。」甚至在公共汽車上，有時也會聽到：「不急嘛！你的兒子才兩歲，愛因斯坦三歲才會說話。」的安慰。如果一位在台大研究室裡默默工作的科學家，他的名字能常常掛在外國人的口中，或者宜蘭發明的產品，變成世界上人人嚮往的必需品，那麼「科學報國」、「科學強國」就不是口號及夢想了。

才能是需要發掘及培養的。一旦我們發掘了科學上表現優異的青少年或兒童，要如何培養呢？調查顯示，八〇%的學生認爲「政府設立特殊機構是培養科學人才最好的方法」。其實，設立特殊機構集中教育固然是一個方式，然而，在國外尚有其他曾經有過良好效果的方法，也可以做爲我們的借鏡。

譬如：在正規學校就讀，根據學生程度准予跳級；或在正規的中學課程以外，可以在大學兼修有關特殊潛能的課程；或者實施個別化的教學，依照學生的程度及性向提供不同的課程。另外還有一種方式，便是根據學生的程度，提早進入大學。

不論怎樣做，這些有科學潛能、才賦優異的青少年，應該讓他們肯定自身的才能，認識自己將來在成人世界裡扮演的角色，並且能肯定自己在科學創造上的價值。因此，提供良師益友及實際研習的機會是不可或缺的。

談到國家主動發掘與培育人才，使我想到在美國的外國留學生中，以來自伊朗的學生占最多數。伊朗國家人才的培育幾乎全交給美國，有心人認爲這種做法，有如肉包子打狗——有去無回；有些教育界人士在恐慌之餘，便開始發掘與培養伊朗的人才，由於當時有皇后出面鼓

吹，一下子便辨得有聲有色。可是人才的培養不是一朝一夕的事，人才剛剛發掘出來，正要播種、培育，卻又面臨乾旱的現象，希望他們的計畫不要「胎死腹中」才好。日本諸任首相與政界有識之士也多數認爲，將來發展日本國民的創造力，爲日本施政的方針之一。

我想，除了我國之外，其他國家顯然也了解人力資源的重要，並且透過發掘和培養的歷程，發展這些資源爲國家社會所用。

其實，科學的才能只是智能的一種。培養科學才能的同時，我們不可忽略其他的智能，如人文方面的能力。同時也不要忘了，智能之外，其他的領導才能、企業才能、體能、視覺及表演藝術才能，也都是國家社會有用的資源。因此，要齊頭並進才容易起飛和突破。

心得筆記

可以記下你讀了這篇文章後的感想，自我的省視、展望及其他。

3 多元智慧，精采人生

學習得有智慧，工作得有智慧，生活得有智慧。樂在學習，樂在工作，樂在生活，這才是人生。

一個成功的文學家或劇作家，最基本的條件是必須擅長語文智慧（linguistic intelligence），而且應用語文發揮創意，成就文學作品或劇作。高行健絕對是語言智慧的卓越代表人物，當他獲得諾貝爾文學獎之後，面對台灣的媒體、讀者和觀眾時，他的傾聽溝通、應對進退、互動拿捏，在在證明了他一流的人際智慧（interpersonal intelligence），在他的作品中，我們發現了他的內省智慧（intrapersonal intelligence）、音樂智慧（musical intelligence）和自然觀察智慧（naturalist intelligence），甚至有「存在」智慧（existential intelligence），而他的繪畫又反映了空間智慧（spatial intelligence）。

長銷的金庸武俠小說，不斷地被台、港、新加坡、甚至大陸等地改編成電影或連續劇，數次掀起閱讀熱潮，小說中的主角大都武功高強，在「勞心重於勞力」、「萬般皆下品，唯有讀書高」的華人社會中，除了這些「古代人的悲歡離合，喜怒哀樂仍能在現代人的心靈中引起相應的情緒」（《金庸作品集》台灣版序）外，他們在金庸語文等各項智慧的高度發揮下，滿足了許多人的想像力，而這些角色的武功高強就是他們肢體—動覺智慧（bodily-kinesthetic intelligence）的發揮。

話說韋小寶即使在名師的指導下，肢體—動覺智慧仍然發揮不出來，出身妓院的他，卻有高度的自知自處的內省智慧，和領導統御許多武功比他高強者的人際智慧，他的EQ也不得不令人佩服；他雖然無心學習文字，以及運用文字記載的智慧，卻極能從看戲和傾聽、觀察中發揮他的「語文」、「內省」、「人際」和「推理」、「聯想」的智慧。像韋小寶這樣不喜歡讀書寫字，和郭靖這般反應遲鈍的人，在講究升學主義和背書考試的台灣，恐怕早已被正規的教育制度排除在外了。

毫無疑問地，馬友友擅長音樂智慧；而當他在台上演奏大提琴時，當他和六個不同的藝術家分別完成「巴哈靈感」的演出時，我們觀賞到的不僅是他音樂智慧的高度成就，也能夠欣賞他的肢體—動覺美感。令我折服的是，他在合作過程中人際智慧的表現，以及他面對媒體或與政要對談時，能夠展現溝通效果良好的語言和微笑。

是的，小說和劇作是高行健或金庸優勢的語文智慧高度發揮的作品，而大提琴的演奏是馬友友優勢的音樂智慧發揮極致的成就。高行健和金庸也擅長音樂智慧，馬友友也擅長語文智

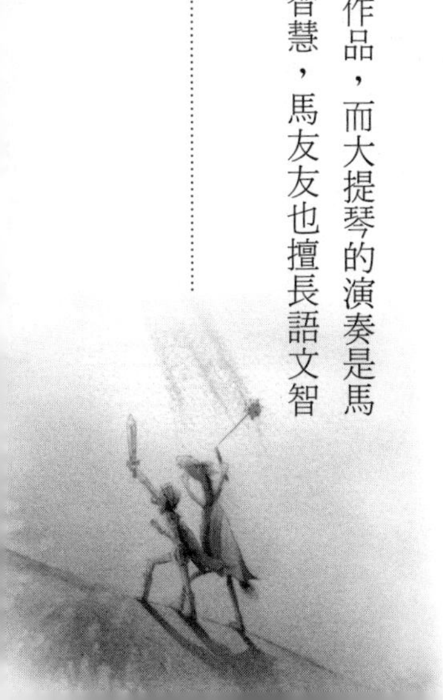

慧，但如要馬友友成爲高行健或金庸那樣的文學家，或要高行健或金庸成爲像馬友友那樣的大提琴演奏家，他們是否有同樣的成就呢？也許有，但我無法驗證。如果要他們成爲有成就的物理學家、化學家、舞蹈家、運動員、外科醫師，他們是否仍然具有優勢的智慧，我也不得而知，但總是令人質疑。

人各有智，鼓勵人盡其才

其實，人各有「智」，任何一個人都有其擅長的智慧，也有其弱勢的智慧，若家庭、學校和社會能夠製造有利的環境，鼓勵大家人盡其才，便可以達到人人樂在學習、樂在工作、樂在生活的境界。

遺憾的是，幾乎所有的華人社會都特別重視社會取向，特別強調考試、分數、文憑、比較和競爭，教育心理學家稱之爲「表現」或「成績」目標；重視成績和表現，通常也就是重視紙筆測驗，學校的考試、升學的考試、高考或普考，幾乎都是以紙筆測驗爲判準，就連創意設計的課程，都還有老師只使用紙筆測驗來評鑑學生的學習成果。擅長語文智慧的人，參加這樣的紙筆測驗是比較有利的，但現行測驗內容和方式卻很難讓有潛力的文學家發揮創意。重視文憑的人強調社會取向的教育，數理成績好的學生比較有機會在升學路上表現良好；但眞正有可能成爲李遠哲、丁肇中、楊政寧、吳健雄的學生，也不容易在現行紙筆測驗中表現創造力。

語文和邏輯—數學（logical-mathematical）的能力，加上部分空間關係的能力，構成傳統上IQ測驗的內容。一九〇五年，法國的教育部委託心理學家比奈（Alfred Binet, 1859-1911）編製一套紙筆測驗，希望能夠在學校中找出那些因爲學習困難，將來可能造成他們自己和社會負擔的學生，儘早施予診斷教育，好讓他們過著有尊嚴的生活；在嘗試錯誤中，他們編製了一套有效預測學生學業成績的智力測驗。當然，所謂學業成績就是一般的紙筆測驗，強調記憶與分析能力，從智慧範疇來說，測驗內容包括邏輯—數學、語文與空間的智慧。將近一百年的時間，IQ測驗橫掃全球，華人社會也不例外，但是在這期間，一些研究創造力的心理學家和教育學者，試圖從各方面了解並發揮學生的創造力，而一些研究特殊學生和有成就的藝術家或其他才能的學者，也總覺得人類智慧應該不只邏輯—數學、語文與空間三種而已。

八種智慧，八個判準

一九八三年，哈佛大學（Harvard University）的教授豪爾‧迦納（Howard Gardner）發表《七種IQ》（*Frames of Mind*，中譯本時報文化出版）一書後，我們對人類的智慧有了新的發現和驚喜。他認爲人類除了以上三種智慧之外，至少還包括音樂、肢體—動覺、人際和內省四種智慧，這是第一次有學者認爲音樂、肢體—動覺和語言、邏輯—數學、空間同樣各自有其心理和生理根據，也各有其核心能力的智慧。迦納後來又根據他提出的八個判準，增加認定一又二分

之一的智慧，第八個智慧即是自然觀察的智慧；還沒找到生理依據的「存在」智慧，則是那個二分之一的智慧。

這八個判準是這樣的：

第一個判準和腦部的結構有關。一個人腦部某個區域受傷，而破壞了該區域所掌控的特定智慧，但是其他不受此區管轄的能力則完整如初，例如法國作曲家拉威爾（Maurice Ravel, 1875-1937）在七十幾歲時因中風而影響到左腦的布洛卡區（Broca's area），以致損傷說和寫的能力，但他仍然可以繼續演奏和評論音樂，因爲這些能力是由腦部其他區域掌管，中風並沒有損及這個區域。

第二，世界上確實存在著白癡專家（idiots savants）、神童以及其他特殊個體。在《雨人》（*Rain Man*）中由達斯汀・霍夫曼（Dustin Hoffman）所主演的雷蒙一角，他在人際關係、自省、語言等智慧方面非常差勁，卻擁有超凡的數字計算能力，他就是所謂的「白癡專家」；至於音樂神童、數學神童、語言神童、宗教神童、藝術神童等，也常成爲我們津津樂道的人物。既然在某個智慧中出現白癡專家、神童及其他特殊個體，我們便可藉以判斷是否有該智慧的存在。

第三，一種智慧之所以能夠成爲獨立的智慧，就是因爲他擁有一項或一組可以清楚界定或確認的核心運作能力，這八又二分之一的智慧之個別核心能力可以簡述如下：

- **語文**：對文字和語言的聲音、結構、意義和功用的感覺敏銳。
- **邏輯—數學**：對邏輯或數字形態的認知能力和靈敏度高；具有處理複雜前因後果的推理的能力。
- **空間**：能精確地感知視覺—空間世界，表現出不同視覺的變化能力。（例如，能經由藝術、視覺思考來掌控內在和外在的視覺—空間世界）
- **肢體—動覺**：能有節奏地控制身體動態和有技巧地用手操作物品的能力。
- **音樂**：創作並欣賞旋律、音節和音質的能力；對音樂表現形式的欣賞。
- **人際**：對他人的心情、性情、動機和期望的認知能力強，並能做出適當反應的能力，即擁有同理心的能力和表現行爲。
- **內省**：能相當精確地認識自己的優缺點、評估自己的情緒生活，並能在複雜情緒中區辨喜怒哀樂和自我定位的能力。
- **自然觀察**：能夠辨認一個團體或是物種的成員；能夠區分同一物種中成員的差別；能夠認識到其他物種或類似物種的存在；還能夠正式或非正式地把幾種物種之間的關係表述出來。
- **存在**：以尊重的態度，在無窮無盡的宇宙間定位自己的能力；在尋找生命的重要性、死亡的意義、生理和心理世界的命運、以及內在深刻的經驗（如愛或藝術）中，定位自己

的能力。

第四，每一種獨立的智慧都有其獨特明晰的發展歷史，即從生手發展到專家的程度，甚至達到可以清楚辨識的優越表現；例如高行健在語文智慧方面已達專家頂尖的表現，馬友友則在音樂智慧方面達到卓越的成就。不管他們從小多麼優越，也都要從生手開始發展，逐步地達到最高境界。所以分辨語文和音樂的生手與專家程度有跡可尋、有根據；而且語文、音樂和其他智慧的最高表現是可以確認評估的。

第五，每一種智慧都有其進化的歷史，一種智慧能夠脫穎而出，一定要有人類史前生活的證據顯示，甚至在演化的最新階段，在其他生物的身上也會出現。以最難找到證據卻大有可爲的「存在智慧」爲例，我們可以從早期人類在葬禮、狩獵或宗教儀式當中找到存在智慧的依據，而大象與其他物種，也有其特定的儀式行爲，尤其在牠們的同種成員死亡時，悲傷的行爲和儀式即爲證據。

第六，一種獨立的智慧必須可以從心理實驗的研究中獲得支持。心理學的實驗的確可以說明，有些人就是擅長記憶語文，而有些人就是擅長學習邏輯—數學。

第七，一個智慧的成立，也可以從心理測驗的發現中獲得支持。ＩＱ測驗的題目主要包含語文、邏輯—數學和空間關係，但是有人可以在有關語文的測驗中得到高分，卻在以數字和空間關係方面的測驗上表現不佳，相反的現象也是如此。

最後一個判準是有關智慧的符號系統，也就是每一種智慧都必須符號化，建立其獨立的符號系統。每一種語言都有其書寫的和口說的語言符號系統，舞蹈作爲肢體語言的智慧領域，也有其舞蹈的符號系統，音樂、數學和空間關係的符號系統則更爲明顯。

實現終身學習夢想的好朋友

肢體—動覺智慧是迦納博士提出的八種智慧當中的一種，卻也可能是在台灣最被忽略的智慧。其實「從操作中學習」是人類發展過程中的必經之路，對那些不喜歡長久靜坐讀書，或不擅長語文、數理的學生，他們也可以透過自己擅長的肢體—動覺、或音樂、或空間、或內省、或人際等等智慧的學習管道，培養他們的語文或數理智慧的興趣或能力。

教育就該是要安排多元智慧的環境和學習管道，讓學生透過多元的管道發揮他們的智慧。我曾經在一家外商公司的主管成長研習營活動中，讓每個人評估自己擅長和最不擅長的智慧，然後將八種智慧當中各有專長的每八個人組成一組，分享他們的成長經驗以及如何接受挑戰、發揮各自的專長並增進他們覺得較不擅長的智慧，透過內省、人際和語文智慧的學習管道，使他們更了解自己的專長和潛能，也了解如何和他人互補、互動，並且對如何發掘部屬的專長，以及增進他們工作上所需要的智慧，有了深切的體悟；如果我當時只用演講的方式告知他們這

八種智慧，及這八種智慧對他們的重要性，他們的學習效果一定大打折扣。

是的，高行健是百年來第一位獲得諾貝爾文學獎的華人，馬友友是在音樂領域中屢次獲獎的華人大提琴家，大多數的我們都不可能成爲高行健或者馬友友，但我們每個人都希望自己能夠學習得有智慧，工作得有智慧，生活得有智慧。了解並運用多元智慧的架構或管道，可以讓我們快樂地活在當下，不虛此行。

心得筆記

可以記下你讀了這篇文章後的感想，自我的省視、展望及其他。

Four Great Dreams of Youth

4 青少年的創造力

一個深具創造力的人，在一生中一定有機會和他所成就的那方面或類似方面的人有過深度交往的經驗，有比較親密的關係。

研究創造力的人都喜歡引用柏拉圖（Plato）的一句話：「一個社會鼓勵什麼，這個社會就會出現什麼。」我們中國人也常說：「種瓜得瓜，種豆得豆。」我們希望有什麼樣的收穫，就得播什麼樣的種子。

現在的企業界常常喊出一句口號：「不創新即死亡。」在時時面臨現實環境的挑戰中，企業界往往是首當其衝的。要想生存發展，猶如逆水行舟，不進則退。目前我們正處經濟轉型的階段，是不是能夠繼續成長，便要看我們能否在技術上、知識上由模仿而進入創造的境界。這一點是很難突破、但也是最需要突破的。

青少年的階段，學生們喜歡稱之爲「狂飆期」。因爲這時期的青少年，隱含著各種不同的角色，他必須從衆多的角色中選擇一條路以肯定自己、發揮自己。生長在這個起飛的社會裡，青少年所接受到的刺激有如暴風雨，他們需要的便是：讓他們把握住這個充滿刺激的機會成長而不退化，建設而不破壞。

那麼，我們的教育和社會環境是否鼓勵創造才能的發展，便決定了我們的青少年將來成爲國家的「主人翁」時，是否能夠由模仿突破至創新的階段。如果我們不能把握住那個機會，青少年很可能面臨「不進則退」的危機。原來有可能發展爲創造力的潛能，因爲沒有誘導向建設性的那面，而成爲破壞性的。

國內最近增設了許多獎助金及獎助的辦法，鼓勵青少年發揮創造的才能，從事創造發明。這是一個可喜的現象。雖然晚了一點，但亡羊補牢還不算晚，至少這是一個很好的開端。

那麼，到底國內的青少年的創造力如何呢？

激發青少年的創造力

關於國內青少年創造力的研究爲數不少，但是有關創造力發展的研究卻不多。過去曾經針對台北市男女合校的高中、國中、小學生，做過一個創造力發展的研究，研究對象是小學四年級、國中一年級、高中一年級的男女學生。

結果發現，小學四年級男、女生在創造力方面並沒有什麼差別，可是隨著年齡的增加，差別也就愈大，到高中的時候，男生並沒有因爲他到了高中而創造力降低。而女生在語言方面已

經出現高原現象，不再長進了。換句話說，創造力到高中這個階段，男生可以隨著他的年齡增加而步步高昇，女生到高一的時候就發揮不出來。這種現象是值得我們深入探討的。

創造力的發展，和社會文化因素有密切的關聯。猶太人和中國人一向被認爲是世界上聰明的民族。但是我們發現猶太人得諾貝爾獎的比例是全世界最高的，占了三分之二；而我們中國人到目前爲止僅有五個人。如果諾貝爾獎可以當做才能的一種表現，那麼何以同爲「聰明人」的表現卻不同？這是值得深思的問題。當然，我們並不一定要培養每個人得諾貝爾獎，但是如何激發我們青年創造的才能，可就是刻不容緩的課題了。

青年都是富於理想的，他們希望發揮自己的才能救濟世人，從事科學研究，愛國愛民，發揮文藝興趣。也希望尋找家庭以外的「心理父母」、「青年導師」幫助他們完成他們的理想。這些都需要給青年實驗、工作的機會。社會上要如何安排及提供這些機會呢？

一、提供各種文化刺激

一個比較能促進創造才能發展的社會，一定能保持、開放文化財產和刺激。這些文化財產和刺激包括有形的、無形的，也包括人文的、社會的和物質的。

舉例來說：如果我們的社會要培養中國音樂的創作，對於我們中國所有的音樂遺產，不但要有系統地、忠實地整理與保留，而且要用最簡單、最可信的方法，讓所有青年都能接觸到這些遺產。

提供各種文化財產，讓所有的青年有公平的機會接受這些文化刺激，是發展創造本能的必要條件。這裡所謂的公平，是指不分性別、年齡，不分省籍、種族的，比如說：台灣的日據時代，台灣人沒有機會從事其他方面的學術，那時候只有兩種可能，一個是學醫，一個是學法律，導致這兩方面的人才特別多，所造成的影響現在還存在。所以社會提供什麼樣的刺激，是否讓每個青年有公平的接觸機會，對培養青年創造才能是很重要的條件。

二、教師要扮演積極角色

教師是直接和青年學生接觸的人，學生進入學校後，大部分的時間便和教師在一起，教師對學生有很大的潛移默化影響力。

美國有位精神醫師亞瑞提（Silvano Arieti, 1914-81），他寫過一本書——《創造力》（*Creativity: the Magic Synthesis*）。在書中他特別強調：一個深具創造力的人，在一生中一定有機會和他所成就的那方面或類似方面的人有過深度交往的經驗，有比較親密的關係。像比較好的師生關係、師徒關係，或者是父母子女的關係等等。也就是說，「人」的因素，往往會影響創造才能的發展。

美國曾經有位教授做了個研究，用提名的方式選出美國心理學界和化學界很有成就的人，

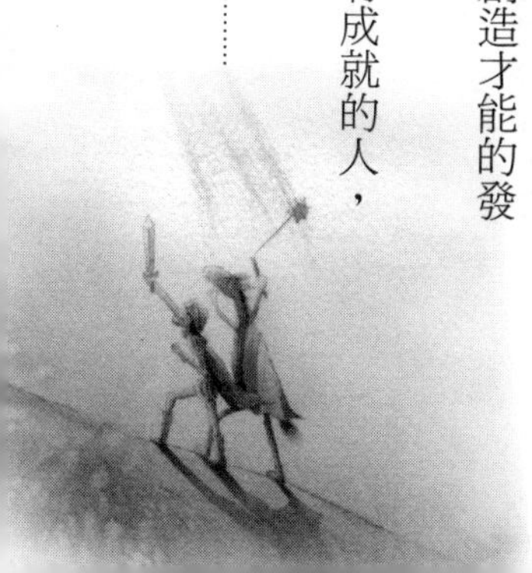

然後看看他們的大學和研究所的老師是如何影響他們創造才能的表現。研究出的結果很有意思，就老師方面來說，發現兩個阻礙創造力發展的因素：

- **教師阻礙學生觀念，尤其是獨創觀念的產生**。當學生提出不同或比較獨創的觀念時，老師會說「你這觀念有什麼了不起，我年輕時早想過了」；或者說「醜人多作怪」等話。
- **教師本身缺乏安全感**。學生提出較好的觀念時，他好像在和學生競爭，而沒有想到「青出於藍而勝於藍」是老師最大的光榮。

此外，這個研究也發現四個促進創造才能發展的因素：

- 老師鼓勵學生獨立思考。學生提出一個獨立的研究計畫或報告，老師就給他口頭上或分數上的鼓勵。
- 老師本身一定要能做爲模範。
- 老師在課外花很多時間和學生討論。
- 老師指出、並要求學生可以有何優越的表現，而且告訴學生可以達到這些目標，及提供方法幫助他們達到目標。

由這個研究的結果看來，教師對學生創造才能的影響眞是任重道遠、舉足輕重。

三、信任感的培養

我們常以「一盤散沙」來自我解嘲不合作，也常常埋怨「三個和尚沒水喝」，這些看法正確與否，因爲沒有研究的資料支持，我們不敢確定。但不管是否如此，人與人之間的信任度是很重要的，而且大家在信任合作的情況下，團體的創造力才能表現出來。

一九七六年，美國俄亥俄州立大學（Ohio State University）的教授，曾經做了一個「信任度對團體創造性解決問題的影響」的研究。

這個研究是用實驗的方法做的。研究者先將大學生分成三組，每一組裡面又有幾個四人組成的小團體，然後要每個四人小團體利用思考來解決問題。對其中一組大學生，研究者告訴每個人說其他三個人對你評價不好；也就是說，讓他們之間彼此不信任。另外一組則告訴他們，另外三個人對你的評價很好，使他們互相信任。第三組則不給他們任何說明，這樣便有一組信任度高，一組信任度低，而第三組是控制組。

結果發現：信任度高的那一組團體思考的表現，以流暢性來說是最高的，信任度低的那一組最差，控制組居中。

從這個研究來看，團體成員間的信任度是會影響團體創造力的表現的。培養青年——尤其是學生——之間互相信任，比分化、競爭的領導教育更重要。

四、幽默感的培養

幽默不只是博人一笑而已，幽默本身是會影響創造才能的表現的。青年人常用幽默來解決他們的尷尬衝突，甚至只爲幽默而幽默。

幽默常常是讓兩個不相干的東西發生關係，產生新的產品，而使你感到驚訝。這也可以說是一種創造的過程。

一九七六年，以色列有個心理學家做了一個研究，他想看看幽默會不會影響創造力的表現。於是他找了兩組高二的學生，一組在做創造力測驗之前，先聽一段幽默笑話的唱片，使聽的人腦筋飛揚；另外一組則沒有這個機會。結果在創造力的表現上，聽幽默唱片的那一組，在流暢力、變通力、獨創力都比另一組顯著的高。

五、父母可以保持又嚴又慈的性格

過去的研究發現：家庭的氣氛及父母的性格與子女的創造力有關。

一九六九年，美國的心理學家多米尼諾（George Dominino）做過一個研究，研究「母親的人格與兒子創造力的關係」。他從過去的研究結果發現，父母親的性格與兒子創造力的高低是有關係的。於是他針對母親的人格對兒子創造力的影響深入的研究，因爲他相信在美國的文化裡，母親對孩子心理方面的影響要比父親來得大。

結果是這樣的，高創造力學生的母親在支配性、爭取地位的能力、容忍力、成就與獨立、心理與精神以及變通力方面，要比一般學生的母親強。而在社會性、責任心、社會化程度、自我控制的能力、良好的印象及女性化方面，卻比一般學生的母親低。

從這個結果可以看出，高創造力學生的母親，表現出較大的自信、進取心和與人競爭的心理。而在社會性方面較弱，社會化程度較低，很少抑制自己，比較不關心能否製造一個令人喜歡的印象，也不會爲了別人而表現出有教養的樣子。

除了母親性格與兒子的創造力有關外，父親的性格是否與兒子的創造力也有關係呢？

一九七六年，多米尼諾又和另外一位心理學家合作一個研究。他們研究父親的性格與兒子創造力的關係。研究的方法和程度與前面說到的那個研究很相似，只是他們用不同的測驗測量父親的性格。結果發現，高創造力學生的父親比一般學生的父親，有較多體諒、柔和的傾向。

從前面提到的兩個研究，可以看出父母親的性格會影響子女創造力的發展。「嚴父慈母」一直是我們社會中理想父母的寫照。然而根據這兩個研究，反而發現「嚴母慈父」的子女創造力比較高。其實，父母親是可以又嚴又慈的。父親可以一方面果斷，另一方面柔和；母親同樣可以溫暖而又嚴格。

也許又慈又嚴的父母，會給孩子更多創造思考的機會。

心得筆記

可以記下你讀了這篇文章後的感想，自我的省視、展望及其他。

第二篇

尋求人生的價值

青年的第一個大夢就是尋求人生的價值。在尋求人生價值的過程中，年輕人需要努力的學習，積極的參與，蒐集各種資料，才能眞正了解自己的價值觀。這時候如果能再尋找一位或幾位良師益友支持你、輔導你或做你的楷模，那麼將來就有更大的機會實現第一個大夢。

我專心一志從事學問與藝術，到三十歲就要結束，那以後我要貢獻一切，為別人而努力。在那以前，一定要在學問與音樂方面，留下相當的成績才好。

——史懷哲，《史懷哲傳》

1

青年的第一個大夢

有道是「條條大路通羅馬」，年輕時能夠理智地尋求自己將來在成人世界中可以扮演好的角色，那麼好的開始，便是成功的一半了。

每一年度的聯考、甄試或高普考，給許多年輕人帶來希望，也給許多年輕人帶來從失敗中學習的機會。考試的門並不寬廣，然而每年都有許許多多的青年學子參加競試，爲什麼有這麼多人爭著進去？換句話說，爲什麼要參加考試？不參加考試的人是否就放棄了人生的希望？

李時珍：一生獻給一本書

聯考制度就像以前的科舉。李時珍（1518-93）是「古代中國科學家中影響許多國家，且持續到今天的第一人」（見蔡仁堅著，《古代中國的科學家》，時報文化出版），然而他在十四歲，正是作夢的年齡時，雖然也曾考取鄉試的秀才，卻在省試的舉人競試中三次落榜。爲什麼李時珍會一再的參加考試、即使數度名落孫山仍然再接再厲呢？因爲「十年寒窗無人問，一舉成名天下

知」，因爲可以「學而優則仕」。

從整個社會的標準來看，每試必中可以帶來崇高的社會地位，可以名利雙收，甚至於可以掌握權力，可以爲國服務，可以造福鄉梓，也可以肯定自己的學問；但是一個年輕人如果對發明、對自然、對醫藥、對科技方面的好奇心強，求知慾高，八股科舉恐怕是弊多於利了。

今日的醫學院是大專聯考中最熱門的科系，在明代，醫生地位卻很低。李時珍從十四到二十三歲的十年間雖然三試三落，他卻「從科舉的桎梏中解放出來，海闊天空的讀著經史子集各類書籍。……他博採百家知識，苦苦地鍛鍊自己，奠下日後撰寫《本草綱目》，駕馭古代文獻的雄厚能力。」（同上，26頁）

李時珍的流芳萬世是因爲他的著作《本草綱目》。可是他當時爲什麼會和許多人一樣參加科舉，而最後又「不按牌理出牌」，放棄科舉考試而完成一部偉大的著作？我認爲他和古今中外的許許多多的年輕人一樣，在尋求可以發揮潛能、展現興趣的人生價值。

時至今日，聯考仍算是社會上認爲成功立業的方便之途，只要成功地走完這條路，將來在成人的世界中，可以扮演學者，可以謀取較高的職位，甚至可以「學而優則仕」。然而，這樣的角色並不是每一個人都想要或適合扮演的。

李時珍當時所以參加科舉，不外乎是符合社會的要求，或是在他那個年齡、那個環境中這是最方便之途。然而李時珍眞正的興趣及潛能，是不是科舉可以滿足的？等他長大，在成人的世界中真正要扮演的是什麼角色？

事實上，他扮演的是一個醫生，一個自然科學家。他三十五歲開始寫作，整整二十七年才完成《本草綱目》這本著作。他個人的價值在尋求自然科學上的成就，這是他人生的理想。蔡仁堅先生如此描述：

> 李時珍幾乎把他的一生都奉獻給《本草綱目》這本書。他的前半生，勤勞地讀書、學習、旅行，以充實自己，紮實地為撰寫《本草綱目》作了一番準備功夫。他的後半生，整整二十七年埋首於《本草綱目》的寫作。這本書有二百多萬個字，前前後後改寫了三次。

李時珍在十年苦讀當中一定也經過一些掙扎，而終於肯定了自己的人生價值，知道自己的能力和興趣，再加上努力與機會，他的人生價值的尋求就有意義多了。「學而優則仕」是一種人生價值，「濟世救人」是一種人生價值，「賢妻良母」、「滿足自然科學上的成就」也都是人生價值。有些價值比較籠統，有些價值比較具體。無論如何，尋找人生價值是青年的第一個大夢。

有時候人生價值可以用一兩句話來涵蓋，以便在離開人世時，別人可以「蓋棺論定」，自己也可以「死而瞑目」。

如果你有一千萬

那麼，怎樣才能了解一個人的人生價值傾向？有個簡單的方法，就是從金錢的分配來看。假如你有一千萬新台幣可以自由運用，那麼，從你花費金額的多少及比例，可以看出你的價值觀。施薇兒（Lila Swell）博士在她著的《成功心理學》（*Success*，中譯本遠流出版），就用這樣的方法幫助人了解自己的價值觀、改變自己成功的觀念，而眞正奉獻自己的一生。她在書中列舉了三十四個可以購買的項目，以及每個項目你願意花多少錢。你可以將一千萬元全部花在一個項目上，也可以平均分配到幾個不同的項目。無論如何，在分配金額時，要盡量忠於自己的興趣及價值。這三十四個項目列舉如下，你可試試看自己要如何分配這一千萬新台幣。

購買的項目	**花費的金額**
1.清除世界上現有的偏見。	
2.幫助病人與窮人。	
3.成爲有名的人物（如電影明星、棒球英雄、太空人）。	
4.一個能使你的公司多賺三倍錢的企劃案。	
5.天天按摩並吃世界上最好的廚師燒的菜。	

6.了解生活的意義。
7.一種能使大家不再貪污或說謊的疫苗。
8.佈置你工作的環境。
9.成爲世界上最富有的人。
10.當總統。
11.一次最完美的戀愛。
12.一棟房子，有你喜愛的藝術品，室內室外有全世界最美的風景。
13.成爲全世界最有吸引力的人。
14.活到一百歲而不曾生病。
15.接受一個天才精神分析家的精神分析。
16.一個爲你私人所用，收集名作最完備的圖書館。
17.領略到上帝的存在，執行上帝的意旨。
18.革除世界上不公平的事。
19.發現蘊藏一百萬盎斯的金礦，把它送給你最關心的慈善機構。
20.被選爲今年的傑出人物，受全世界報紙的讚揚。
21.精通你本行的事情。

22. 除了享受外，什麼事情都不必做的時光，一切的需要和慾望都自動地會得到滿足。
23. 成爲世界上最聰明的人。
24. 一種把「眞誠的血漿」滲入世界每一個水源的設備。
25. 能輕輕鬆鬆地做你想做的事情，一點兒也不需急忙。
26. 一棟充滿銀元的大房子。
27. 控制五十萬人的命運。
28. 受到全世界人的熱愛與崇拜。
29. 有著無限的車票、機票、戲票，使你能觀賞各地音樂、舞蹈和戲劇的演出。
30. 新的髮型，任你選擇設計師裁製你的衣服，再加上給你兩星期的時間到能美膚的溫泉洗溫泉。
31. 成爲世界上最好的健康俱樂部的會員。
32. 能免於心理困擾的藥物。
33. 擁有一個全能的電腦，要什麼情報就有什麼情報。
34. 與你所信的宗教中的聖人（過去的或現在的都行）長久相處。

根據施薇兒博士的看法，這三十四項一共代表十七種人生價值。哪些項目代表哪一種人生價值呢？可從下列的對照表看出：

1、18——公平
2、19——人道主義
3、20——認可
4、21——成就
5、22——快樂
6、23——智慧
7、24——誠實
8、25——自主
9、26——經濟
10、27——權力
11、28——愛
12、29——美感
13、30——外表的吸引力
14、31——健康
15、32——情緒方面的圓滿
16、33——知識
17、34——宗教信仰

對於每種價值觀的解釋則列舉如下：

・公平：不偏不倚的。
・人道主義：關心別人的利益。
・認可：能使人自覺重要。

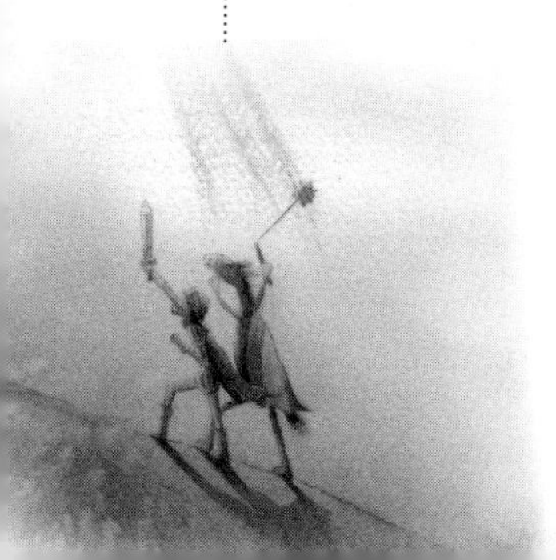

- 成就：完成事情。
- 快樂：滿足、喜悅。
- 智慧：洞見、良好的品味和判斷。
- 誠實：坦白廉正。
- 自主：獨立的能力。
- 經濟：物質的占有；財富。
- 權力：對別人的控制權。
- 愛：溫情；溫暖的相處。
- 美感：爲了美的緣故而欣賞美。
- 外表的吸引力：關心個人的外觀。
- 健康：關心個人的健康。
- 情緒方面的美滿：免於焦慮；心靈平靜。
- 知識：眞實情報的追求。
- 宗教信仰：和上帝溝通，服從上帝，遵照上帝的旨意做事。

你在哪種人生價值上花最多的錢？哪種第二、第三……？雖然興趣和才能有關，但不是相等的。能將一生奉獻在最有興趣、最能發揮才能而又能貢獻社會當然最好。假使你的價值觀是從事智能方面的工作——也就是願意在這些項目上花最多的錢，如果你想滿足這種智能的價值，便可進一步想想你是要花在大學裡從事教學、或是要從事寫作、或與別人討論觀念等等。

如果你要在大學中選修課程、作研究或教學，那麼你又得進一步考慮兩件事：第一，研究及教學是專在哪一科：數學？心理學？音樂？等；第二，是否有足夠的能力考取大學？甚至繼續深造？

你的價值觀排行榜

下面列舉七種價值觀：美感、人道主義、智能、經濟、權力、宗教信仰、快樂。假設這七種價值分別是你最大、第二、第三……的價值觀，接下來你便可進一步選擇自己最感興趣、最希望做的，最能夠做的是什麼？這樣做完之後，你就可以更仔細的採取行動。

□美感

一、我感興趣的是：

〔　〕1.練習某種樂器，加入合唱團或管弦樂團。

〔　〕2.聆聽音樂會、觀看舞蹈表演或看畫展。
〔　〕3.透過藝術表現我的創造力——繪畫、雕塑、寫作……。
〔　〕4.裝飾我的家。
〔　〕5.常到戶外去——山上或海邊。

□人道主義

二、我希望能：

〔　〕1.有五十萬慈善金隨我支配。
〔　〕2.每星期能有六個小時，參加醫院或孤兒院的服務工作。
〔　〕3.輔導情緒困擾的人。
〔　〕4.爲我們生活的世界能更美好而奮鬥。
〔　〕5.加入助人的行業——教學、醫藥、社會工作等。

□智能

我希望能：

（　）1.教學。

（　）2.作研究。

（　）3.寫作。

（　）4.和別人一起討論觀念、書籍……。

（　）5.選修一些課程。

□經濟

我希望能：

（　）1.一年賺一千萬元。

（　）2.買下一家公司，使這家公司欣欣向榮。

（　）3.擬定投資計劃。

（　）4.擁有名貴的東西。

□權力

我希望能：

（　）1.管理政治方面的事情。
（　）2.成爲我重視的社團的會長。
（　）3.出名而且對別人有影響力。
（　）4.成爲一家大公司的最高負責人。

□宗教信仰

我喜歡的是：

（　）1.到教堂或廟去。
（　）2.研究宗教。
（　）3.成爲神學家或預言家。
（　）4.成爲世界性教會的領袖。
（　）5.爲我的教會或廟做事。

□快樂

我喜歡的是：

（　）1.參加文化的活動——戲劇、舞蹈……。
（　）2.運動——打網球、游泳、划船……。
（　）3.上館子。
（　）4.旅行。
（　）5.參加派對或帶給別人快樂。
（　）6.放鬆自己——日光浴、看書、看電視……。

有道是「條條大路通羅馬」，年輕時能夠理智地尋求自己將來在成人世界中可以扮演好的角色，那麼好的開始，便是成功的一半了。

價值觀是否一成不變呢？不是的，人常常因經驗的不同、客觀環境的變化而改變他的價值觀，十七歲便寫出「每逢佳節倍思親」佳句的王維，年輕時想盡各種方法參加科舉，以便做官。最後卻是享受田園生活，物質生活單純，創作田園詩、山水畫。李時珍也曾十年苦讀，三次落第，而後一生眞正追求的卻是《本草綱目》的完成。就像今天的一些年輕人因環境的關係，一時的興趣讀理工，卻在研究所時改讀管理是一樣的。國父孫中山先生讀的是醫科，奉獻的是國家民族。

在尋求人生價值的過程中，年輕人需要努力的學習，積極的參與，蒐集各種資料，這樣比

較可以眞正了解自己的價值觀。這時候如果能在自己的環境中或環境外，尋找一位或幾位良師益友支持你、輔導你或做你的楷模，那麼將來實現第一個大夢的機會就更大了。

心得筆記

可以記下你讀了這篇文章後的感想，自我的省視、展望及其他。

Four Great Dreams of Youth

2 人生就是自我追尋

所有肯定有成的人，都經過努力的自我追尋，因此實現第一個大夢的首要條件，就是要努力追尋。

介於賭城拉斯維加（Las Vegas）和雷諾（Reno）之間，加州境內的沙漠裡，有一所學校名叫深泉學院（Deep Springs College）。對絕大多數的人來說，深泉學院是陌生的，對讀該校的大學生來說，在深泉學院讀書是相當辛苦的。每一年只有廿四名男學生有資格在這個學院就讀，他們必須在這個孤立的地方學習合作、適應寂寞、勤勉讀書、努力工作、鑽研哲學。深泉學院的學生，平均大學入學性向測驗（Scholastic Aptitude Test, SAT）的成績僅次於加州理工學院（California Institute of Technology），在全美排名第二。（SAT分數相當於我國的大學聯考成績）

這麼優秀的學生爲什麼放棄名揚四海的哈佛大學和史丹佛大學（Stanford University），而願意就讀不爲人知的深泉學院？他們又爲什麼放棄「綠洲」的舒適生活而來沙漠忍受寂寞？

四種自我追尋的人

人生其實就是自我追尋的歷程。然而，自我追尋卻是青少年、青年準備進入成人世界特有的、關鍵的發展任務。心理學家稱這樣的歷程爲**危機**，是指每一次面臨危險或看似危險的時候，都隱含著探索成長的機會。經過探索尋求的歷程，最後終於有所承諾，有所肯定、認同、成就，心理學家稱這樣的人爲肯定或認同有成的人，也有人稱之爲**自主方向的人**。

與肯定有成相反的是混淆或迷失方向的角色，這樣的人尋求一生卻無法承諾任何事情，或根本未曾尋求而無法承諾。這是第二種人。

第三種人也是不經過尋求的階段，而依照社會、父母、師長的安排而提早承諾，所以稱之爲提早肯定，或是他主定向。

第四種人是尋求認同或尋求方向的人，這種人爲了實現理想，會不斷地自我追尋，然而在三十歲之前，很可能都沒有堅決的承諾。

我國的學生中，每三個之中就有兩個人在積極地尋求認同、尋找方向，但所有肯定有成、自主定向的人，都經過尋求方向的階段，當你閱讀成功人物的報導或傳記時，你一定會發現這些人的追尋歷程。

柴可夫斯基（Pyotr Illyich Tchaikovsky, 1840-93）讀的是法律，卻喜歡音樂，他經過努力的追

尋，成為偉大的音樂家。毛姆（Willaisomerest Mangham, 1874-1965）讀的是醫學院，卻熱愛寫作，經過追尋，終於肯定了自我，成為一名成功的作家。丁肇中從理論物理到實驗物理，李遠哲從化工到化學，都是自我追尋的危機與承諾。

把握人生的因緣際會

自我追尋，到底要追尋什麼？

一句話，自我追尋的是青年的四個大夢。青年的第一個大夢是人生價值的追尋，第二個大夢是良師益友的肯定，第三個大夢是職業的選擇，第四個大夢是情誼的承諾。

選擇適合自我追尋的大學科系，是實現第一個大夢的開端，而這種選擇也會影響你的良師益友、職業方向、情誼基礎的追尋。

既然選擇正確大學科系如此重要，有沒有什麼基本原則可以幫助決策？有，當然有。心理學家研究的結果發現，人生成敗的原因可以歸納為四類，第一類是能力和興趣，第二類是努力的程度，第三類是環境或工作，第四類是運氣或命運。能力和努力是個人內在的因素，是自己可以掌握的；工作、機運、命運是外在的因素。

所有肯定有成的人，都經過努力的自我追尋，因此實現第一個大夢的首要條件就是要努力追尋。追尋的結果，縱不能按部就班如己所願，至少有可能「踏破鐵鞋無覓處，得來全不費工夫」。第二個原則是適合自己的興趣和能力，有興趣，讀書的動機自然強烈；光有興趣還是不行，就讀適合自己能力和性向的科系，成功的機會比較大。可是大學畢業並不是成功的保證，也不是追尋的終點，因此在考慮自己的能力和興趣時，你可以斟酌每個科系未來的發展。所謂未來的發展，主要是指將來和其他學科綜合的可能，或這一科系的知識會成爲其他科系或事業領域之基礎的可能性。當然大學的教育會影響未來的職業方向，然而讀大學並不是職業訓練，而是追尋人生價值。

除了能力、興趣和努力，外在環境的因素也是不容忽略的。師資是環境因素當中最重要的一環，所謂「一日爲師，終身爲父」，你不能選擇你的生父，卻可以選擇良師益友。師資的考慮除了他們的訓練背景、教學方法之外，人師精神也很重要，還有學長也是極佳的參考資源。心理學家的研究發現，各系的組織氣候以及其他的課程資源、活動、機會，都是關係自我追尋的環境因素。

運氣或命運不是個人可以掌握的，所以怨天尤人、責怪命運也許暫時可以逃脫責任、自我解脫，卻無補於事。如果我們能夠把這些運氣或命運視爲人生的因緣際會，就可以把握這些不是自己創造的機緣，幫助自我追尋。比如說，你很想讀某大學的某個系，卻因爲分數的關係，而必須到另一大學的另一系就讀，因而認識這個學校以及該校的一切、該科系的師生，把握了這樣的因緣際會，就是未來肯定四個大夢的資源。

天下沒有白讀的書，人生也沒有白過的時光。因人生際會、因努力自我追尋，大學時讀藥學系，畢業後成爲化妝品公司的成功經營者李成家先生，一方面善用大學時所學的藥學知識與人力資源，另方面在事業功成之後，爲了增加經營理念而到政大企家班進修；在大學時念英美文學，後來在康乃爾大學（Cornell University）獲得野生動物學博士的劉小如女士，在她的文章中經常流露文學的素養和人文的關懷。

有效地把握人生的因緣際會，一方面要善於應用自己內在的資源，另方面也要發掘並掌握你所處環境中的資源，成功地邁開追尋第一個大夢的腳步。

心得筆記

可以記下你讀了這篇文章後的感想，自我的省視、展望及其他。

Four Great Dreams of Youth

3 發現你擅長的智慧

可以透過閱讀、做中學、參與活動、與別人分享、要求回饋等方式，慢慢發現自己擅長的智慧，尋找適合你展現才能的舞台。

小變也好，大變也好，社會一直都在改變，不管怎麼變，「天生我才必有用」的大原則還是不變的。要能「我才必有用」，首先就要發現自己的才能，然後善盡其用，人盡其才。

哪些才？哪裡用？

人到底有哪些才能？用在哪裡？有什麼舞台可以發揮自己的才能？這些都會隨著時代的變遷、文化的場域而有不同。

一九五〇年以前，所謂的「智力」是用ＩＱ來代表的。從能力的角度來看，ＩＱ所測量的包括記憶、推理、分析等等的能力，剛好學校也比較重視與這三種能力有關的學科。

心理學家基爾福（J. P. Guilford, 1897-1988）在一九五〇年美國心理學年會中，以「創造力」

做爲就任理事長的演說，從此大家開始注意並重視創造力。他認爲ＩＱ無法測量創造力，而創造力是社會文明進步的動力。今天當我們在談論創意產業時，更能體會創造力的重要性，全世界各國都在進行教育改革，因爲過去的傳統教育過度注重幾個靠ＩＱ可以表現很好之領域的成績，而忽略了人類生存和文明社會所以進步的動力——創造力。

為了因應比較寬廣的才能定義之趨勢，一九七〇年左右，美國教育部就將資賦優異才能的定義擴大，含括學業或學術才能、ＩＱ才能、視覺與表演藝術才能、領導才能、心理動覺才能和創造力才能六種，這樣的分類從那時起幾乎成爲全世界資賦優異之判準。

一九八三年，哈佛大學教授迦納重新提出一個有關智力方面的「多元智慧（能）」架構，這個架構可以說已經綜合ＩＱ和資賦優異的六種才能之內容與能力範疇，且更爲深入、寬廣。在廣度方面，把音樂的智慧獨立出來，把領導才能分爲兩個各自獨立又相輔相成的內省和人際智慧；將舞蹈或戲劇表演等等需要運用肢體語言表達或創作，和運動、動手動腳等協調良好的才能，融爲肢體—動覺的智慧；最後，他也從達爾文（Charles Darwin, 1809-82）等人的能力和智慧的表現，發現人類還有自然博物的智慧。

迦納認爲，每一個人都可以從接收刺激到記憶、理解、分析到創造，代表不同層次的思考歷程和成就表現。

了解自己擅長和不擅長的智慧

後面的檢核表供你參考，希望你不要將它當成測驗，也不要從每個智慧的小計分數蓋棺論定你所可能擅長或不擅長的智慧，這個檢核表只是供你作爲參考的起點。

憑你的感覺和經驗，計算每個智慧你勾了幾個「是」，又選了幾個「否」，或者你難以判斷。「是」從正面看是你擅長或擁有的，有的人標準訂得比較高，在尚未完全確定時不會勾選「是」，有些人比較寬待自己，感覺自己擁有的就勾選「是」，有些人則是把想要擁有的當成已經擁有而勾選「是」。無論如何，請記得你是在和自己比較，而不是在與別人比較，所以無論寬鬆還是嚴謹都無所謂。

反過來說，沒有人不希望擁有才能，所以從「否」的角度來看，你覺得自己缺少的項目，或許就是你擅長的能力。

其實你可以影印很多份，提供親友互相評量討論，或者當作對話聊天的依據。例如可以問對方：「你覺得我喜歡哪些事物？」「你覺得我擁有怎樣的才能？」等，或許可以對自己有更進一步的認識。

做完後，再回頭閱讀第一篇的〈多元智慧，精采人生〉一文，並根據你所做的檢核結果自我反思，然後可以透過閱讀、做中學、參與活動、與別人分享、要求回饋等方式，慢慢發現自己擅長的智慧，尋找適合你展現才能的舞台，讓你快快樂樂且很有成就感地說「果然天生我才必有用」。

多元智慧檢核清單

說明：以下的每一個敘述是否符合你的實際情形，請在每一個敘述後面的「是」或「否」打√，並在小計中加以統計。

	語文能力	是	否
1	喜歡甚至實際創作或編造故事		
2	喜歡運用演講、對話、辯論等各種形式與人溝通		
3	熱愛談話、寫作、閱讀		
4	常以打油詩、雙關語自娛或與人同樂		
5	學習語文、社會學科和歷史比學習數理容易		
	小計		

	邏輯—數學能力	是	否
1	在說話或做事時習慣澄清事情的因果關係		
2	擅長邏輯思考、歸納、演繹		
3	在學校讀書最喜歡數理學科		
4	會指出人們在日常言行中的不合理、矛盾之處		
5	對科學的新發展很感興趣且注意和蒐集相關資料		
	小計		

	空間能力	是	否
1	對物體的操作、拆解和組合興趣濃厚且頗有經驗		
2	喜歡甚至學習素描、雕塑、繪畫或其他視覺藝術		
3	對方向和理解地圖很有天賦		
4	喜歡彩繪、玩黏土、雕塑、建築等		
5	比較喜歡看有很多圖畫的讀物		
	小計		

	肢體─動覺能力	是	否
1	手腳靈活，動作具節奏感		
2	喜歡動手做的創意作業		
3	擅長運動，身體的協調性很好		
4	在散步、慢跑、手舞足蹈或做其他體能活動時，頭腦最靈活，最能想出好點子		
5	與人交談時，常使用手勢或其他方式的肢體語言		
	小計		

	音樂─節奏能力	是	否
1	喜歡並擅長辨識音調和聲音		
2	很會辨識音樂曲風		
3	即使在無關音樂的情境下，對音樂或聲音依舊敏銳		
4	一首樂曲只要聽過一兩次，大致就能有板有眼地哼唱出來		
5	當工作、讀書或學習某種新事物時，經常會哼哼唱唱或用腳打節拍		
	小計		

	人際能力	是	否
1	合作技巧很好		
2	是可以與別人合作的團隊成員		
3	在複雜的社會中能夠扮演好自己的角色		
4	對他人的心情與感受能感同身受		
5	是那種同事或鄰居會找上門來求教或商量的人		
	小計		

	內省能力	是	否
1	經常獨自沈思、默想或是思考重大的人生問題		
2	積極質問「我是誰」而形成個人的生活哲學觀		
3	能夠專注或集中思考		
4	認識自己個人的品味、尊重自我的獨特性		
5	有自知之明，了解自己的長短處		
	小計		

	自然觀察能力	是	否
1	通常會身體力行親自體驗接觸以了解動物、植物或礦物，甚至古物		
2	有豐富的動物、植物或礦物特徵之知識		
3	經常對自然界發生的事件發表評論		
4	熟知並著迷於大自然中的秩序與形態		
5	經常注意自然界的新發現如考古、植物新品種等		
	小計		

在你做完檢核表之後，你覺得自己擅長什麼？爲什麼？

等你讀完本書之後，再多做省思！

心得筆記

可以記下你讀了這篇文章後的感想，自我的省視、展望及其他。

第三篇

尋求良師益友

尋求良師益友是青年的第二個大夢。

初入社會的時候，你對周遭世界的一切都覺得陌生而令人生懼；你可能不知道自己要做什麼？能做什麼？怎麼做？這時候，你可能希望有一位長輩或好友鼓勵你、指引你。他能夠告訴你更充分、更確切的資料，讓你去選擇，鼓勵你去嘗試。你可能叫他師父或用其他稱謂。

他，就是青年的第二個大夢的主角：良師益友。

世有伯樂，然後有千里馬。

——韓文公《雜說・下》

每一個成功的人，都有個師父或導師，我們誰都受過別人的幫助，只是有些人更溫暖、更有遠見，且更無私的幫助你而已。但是任何成功的人，都會永遠記住早年時候幫助他的人。

——柏金斯（D. S. Perkings）

1

青年的第二個大夢

每一個成功的人背後都有個師父或導師，任何成功的人，都會永遠記住早年時候幫助他的人。

十七到三十三歲的這個階段，也就是「初出茅廬」、剛踏入成人世界的「生手」時期，年輕人對外在的世界往往不很清楚，對客觀的環境條件很陌生，對自己要做什麼、怎麼做相當猶豫不定。這時候，你很希望有一個年長的人鼓勵你、指引你。他可以告訴你比較確切的資料，讓你去選擇，並且鼓勵你去嘗試。

這個年長的人，正是年輕人的第二個大夢裡想尋找的師父。他和你形成親密的師徒關係，影響你的一生深而且大。

企業領袖背後都有一個大師

一九三一年，美國的爪爾茶葉公司（Jwel Tea Company）董事長韓考克（J. Hancock），引進一

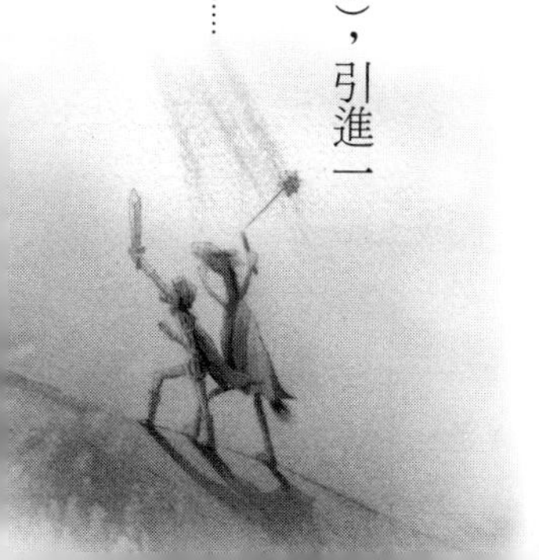

位叫蘭丁（F. J. Lunding）的年輕人，要他負責芝加哥所屬的食品店。十一年之後，蘭丁三十六歲，變成公司的總裁。同樣的，蘭丁也引進克拉蒙（G. L. Clement）做他的助手。五一年克拉蒙四十一歲時，也變成總裁。五三年，蘭丁爲公司招收新血，雇用了柏金斯（D. S. Perkings）。在蘭丁和克拉蒙的培育下，十二年之後，柏金斯三十七歲便當上總裁。現在他是爪爾公司的董事長。

於是這種作風變成公司的傳統——讓年輕人盡量發揮，而年長者在他早期的成長階段中照顧他。這就是我們所說的**師父制度**。

哈佛大學企管研究所教授亞伯拉罕・索茲尼克（Abraham Zaleznik），在《時代雜誌》（*TIME*）所主辦的「領導會議」中，強調管理者和領導者的差別時，從實例中說明領導者的背後一定有一個大師，他說爪爾茶葉公司便是以這種方式培養領導者而聞名於世。

《哈佛商業評論》（*Harvard Business Review*）在一九七八年特地就師父制度訪問了蘭丁、克拉蒙和柏金斯，他們的成功都是背後有個師父，以後他們就變成繼起年輕人的師父。下面是訪問他們三人的摘譯：（張聰賢先生摘譯）

專訪蘭丁

韓考克董事長引進蘭丁，往後蘭丁也培育了克拉蒙和柏金斯。

問：誰給你這種及早給年輕人責任，讓他在企業界站起來的觀念？

答：韓考克是這樣做的。一九三一年我二十五歲的時候，他推薦我做法律顧問，全權負責在芝加哥購買食品店，我就自己負責採購、訂約及整個事情。

問：韓考克怎麼認識你的？

答：他女兒是我大學同學，就這樣認識了。韓考克一向對年輕人有興趣，這也許是導致我對年輕人有興趣的原因吧。雖然我們是不同類型的人，但我們相處得很好。他做他的董事長，我自己負責我的事。

問：韓考克選上你，你覺得有信心嗎？

答：我從沒想過這事。我不認爲我不能做任何事。我是在鄉下長大的，父母都是移民，一個來自挪威、一個來自瑞典。我父親是農具商人，我和四個姊妹都是靠自己唸完大學和專業學校（注：如培養企業管理、醫生等專業的學校）。記得大一、大二的時候，我就騎著腳踏車，口袋裡三塊錢，從這農家跑到那農家，推銷農業書籍。所以我很習慣自己幹事情。

問：韓考克是撂下你不管，還是很幫你呢？

答：我按自己的方式做事，當然那也可能是他的方式。我打電話告訴他我要做什麼，他通常說：「那很好！」

問：你的判斷會向韓考克的判斷挑戰嗎？

答：那是不必要的。我全權負責這件事，這點他們也知道。一九三八年，食品店失敗了，肉類市場也賠錢。我有個經驗老到的肉商，每當我為了促進銷路而減價，他就把品質弄低點，我就告訴他：「再這樣下去，我們公司會支持不住的！」他說：「沒有我，你會更慘！」我說：「你是說我們會賠錢？」「是的。」我說：「那我們現在有賺錢嗎？我要用我的方式賠錢！」

問：你感覺這是自己負起完全的責任，而不是總裁或公司的事？

答：我覺得是自己在獨立經營這些食品店。當時的總裁認為八家新肉店就夠了，而我知道肉店是生存之道。於是我說，如果我會失敗，也要用自己的判斷失敗，而不用別人的判斷。特別是我認為別人錯了。因此他允許我開無數的肉店。

問：如果屬下也對你的決定這樣呢？

答：如果誰認為我錯了，我很高興和他談，要他告訴我錯在哪裡。這和我對師父的觀念有關。

問：那麼這個觀念是什麼？

答：管理者的責任在幫助屬下的人，使他能夠成功。每個部門的主管都是部屬的師父。師父的關係不會傷害人，只會幫助人。因為師父只要你用自己的方式過值得過的生活。師父幫助你，你幫助自己，就等於幫助了企業的發展。這觀念在當時是唯一僅有的，大家都不太習慣師父的觀念，典型的管理人員都高高在上地說：「我決定一切，你們這些小伙子，照我話做就是了！」直到一九五〇年代，我才把這觀念印成小冊——《企業的共享》。

問：你選上克拉蒙，就像當初韓考克選你一樣嗎？

答：克拉蒙早就在公司了，他從消費部門幹起。一九四〇年我當總裁的時候，必須照顧所有的事，而不只是食品店而已。克拉蒙那時候已經是管理人員了，他的行政能力及聰明，較其他兩位年長有經驗的人更好。所以我就要他當副總裁。我要能幹的人來負責食品店。

問：你覺得，你是他的師父嗎？

答：是的，克拉蒙需要幫助。當然他自己也能幹得很好。

問：沒有你的幫助，他自己可以做事嗎？

答：我認爲不能……但是，沒有他我也做不了事。我需要他尤勝於他需要我。我只是放手讓他做，在他艱苦的時候才幫助他。

問：你是有計劃地讓柏金斯在公司裡步步高陞嗎？（注：柏金斯是繼克拉蒙之後的總裁。）

答：是的。我當時是Lever兄弟公司的執行常董，而他的岳父是該公司的一員，所以我有機會好好觀察他。柏金斯的學校成績很好。那時候在企業界做事沒有什麼社會地位，家長都希望子女做律師、銀行家。在連鎖商店做事，就好像你是心智不足，靠強壯的背脊吃飯似的。所以我們要把好腦筋引進商業界，如此這個師父的關係就能促進企業，也能吸引有才智的人。大部分的年輕人怕自己的工作不爲人注意，所以我就想：柏金斯會信任我。於是

我告訴他：「如果你有這個能力，你會成功，如果沒有便不會成功。你可以早點成功的，看看我自己的紀錄——我不會不給任何人同樣的機會。」

問：你花很多的時間栽培後進嗎？

答：我隨時隨地在找這些人，現在仍是這樣，而且無法中斷。柏金斯還不算困難呢！我們食品店的經理艾略沙（W. Elisha）足足費了我好多年的時間！有一次，我寫信給我的朋友羅德・史東，他是我母校北達科他大學（University of North Dakota）校友會的秘書，我說：「羅德，如果你發現眞正優秀傑出的人，把他介紹給我！但不要送其他的人來煩我。」他只介紹一個人給我，克里斯多佛遜（Wes Christopherson），當然他是現在公司的總裁了。

問：你找哪樣的人呢？

答：我認爲大學成績很好的人，至少有副好腦筋。雖然我們不堅持非這樣不可，但是像克拉蒙、柏金斯、克里斯多佛遜這樣，至少有好腦筋，我們較有機會成功。這樣的人不多，你必須費心找！

問：你鼓勵克拉蒙照顧年輕的柏金斯嗎？

答：不，克拉蒙的工作是照顧許多人，他的確做到一流水準了。但他也確實和柏金斯有師徒的關係。柏金斯不是個幸運兒，他是憑自己的努力獲得一切的。因爲我知道他在做什麼，所以我從不逼促他，當他不行時，我也不特別注意他。

問：你認爲鼓勵年輕人發揮的方式是讓他們逐日自己努力嗎？

答：是的，你把他們安排在一個計劃中。我們把柏金斯送到加州的銷售部門，讓他挨家挨戶旅行，直接向家庭主婦推銷。

問：事實上，你爲他們計劃未來嗎？

答：是的，銷售部門要面對消費者，你無法連續幾個月每天都打入三、四十家廚房，同時你也不會不曉得美國的廚房裡到底在做什麼。雖然當時你恨得要死，事後又會覺得很偉大。因爲你直接面對各式各樣的消費者，面對推銷的各種困境，這些都是高層企業組織中學不到的。所以這是很好的基礎訓練。

問：就像你騎腳踏車挨家挨戶推銷的經驗嗎？

答：是的，由此我學到許多事情。一旦你能出去一家家的敲門，你就會是個很能幹的人。

專訪克拉蒙

蘭丁是克拉蒙的師父。後來，克拉蒙也變成柏金斯的師父。

問：你認爲爪爾公司的領導方式中，師父的關係占很重要的地位嗎？

答：絕對是的。爪爾公司的第一個觀念，就是「師父」的觀念，韓考克引進蘭丁，然後蘭丁引

進另一批年輕人，我不知道蘭丁怎麼說，但整件事情就這麼開始了。另一件重要的事是：蘭丁自己不一定淸楚，當他參加哈佛大學企管研究所的課程之後，他漸漸意識到企業的社會責任，它不只是賺錢、做生意，也不只是用人、管人而已。企業還要給人一些什麼東西才是，結果蘭丁給我機會在企業界初試身手。

問：當他那麼做時，你感覺如何？

答：我很困惑。當時我是管理人員之一，而且是其中最年輕的，有經驗的人多得是。記得我告訴他：「我不知道哇！你把我從那些人中提拔出來，我不知道該做什麼！也不知道怎麼做！」他就說：「好吧。你爲什麼不爲他們做些事呢？」那正是我所需要的。所以我把各部門的負責人找來：「哎！我現在這樣啦……他要我做副總裁，這是我們要做的事，這是你們的任務。我的工作，依我看是爲你們做些什麼事，而不是你們爲我做什麼事，我不是來勒你們脖子的，我只是在需要時把你們集合起來。有時候大家的意見不一樣，那麼我要做個決定。但基本上，我是來爲大家做事的。」

問：你感覺到蘭丁爲你做事嗎？

答：蘭丁是個領導人物，他給我和其他人一種生活的哲學——第一個師父的哲學。有天他對我說：「克拉蒙啊！你生活的目的，是讓爪爾公司變成做交易的好地方、工作的好場所。」我認爲他當時不淸楚自己所說的，但是我接受了它，並且實現它。我們的關係就是這樣，他說我做。

問：蘭丁和你的關係，使你改變了嗎？

答：是的。他給我方向，給我關於個人的哲學。他把企業中共享的觀念帶給我，而我馬上把這觀念變成關懷與共享——你關懷的愈多，共享的就愈多。

問：你和柏金斯的關係怎樣？

答：柏金斯是蘭丁在一九五三年引進的，他是我們公司第二個或第三個企管碩士。不久我就認出他是我的繼承人。他有許多優異的能力，對數字、對人都行。他和上司、同事、部屬都處得很好。有一天，他的上司對我說：「柏金斯很行啊！這是我第一次知道，現在爲我工作的人，將來我會爲他工作的。」

問：你認爲柏金斯最大的特點是什麼？

答：他很成熟，就像我和蘭丁一樣，他有許多勤勉的工作經驗。如果他懷疑某一個人，他會保密，而不傷害這個人。然後他會忘掉這件事，繼續把事情做好。我早在他二十幾歲就知道他有一個缺點，可是我從不說什麼，也不告訴他或別人，但我覺得我該給他機會，讓他能夠認識整個企業組織，並且訓練他的耐性，讓他去掉一些「哈佛大學」的影響。

問：有什麼讓你特別感到困惑的嗎？

答：我不知道他是否同意我。但我認爲哈佛大學是拿個案研究法使人以爲：一個問題便有一個

答案。一旦你找到答案，就好像你全盤了解啦！企業上卻不是這樣的……它不是非黑即白。有些問題並不那麼簡單，它可能永遠無法解決，你卻要繼續對付它，帶著它工作下去，有時候要費幾年的時間也說不定。柏金斯需要學會有耐性，而不是：「我做完這個啦！現在你要我做什麼呢？」

問：你怎麼幫助柏金斯？

答：我讓他有機會犯錯，可是同樣的錯他絕不犯第二次。例如在銷售部待一陣子之後，他認為夠久了，我就告訴他：「你有接替你的人嗎？」他說：「哦！當然，這樣這樣……」我不認為那個人夠資格接替他，但是柏金斯當時只顧換到別的工作去，就認為那個人行。結果那個人眞的不適合那工作。

問：你認為那個人不行，卻讓柏金斯這麼做了？

答：當然啦！或許我的判斷錯誤也說不定。以前我也犯過許多錯，只要錯誤不很大，年輕人絕對有犯錯的自由，那麼哪個重要呢？是我的判斷正確或者柏金斯學到了東西？

問：像這種事，你們事後沒有討論嗎？

答：事後我提起時，他承認自己錯了。可是他不願意再談它。如果你要一個人成長，就不要再三的提醒他錯了、錯了！他知道自己錯了，重要的問題是——接下來你該怎麼做？

問：你是刻意提拔柏金斯嗎？

答：是的，但並不困難。柏金斯有足夠的野心，除了讓他有更多的經驗外，唯一需要做的，便是讓公司的人接受他。因爲他是哈佛企管畢業的聰明小子，他必須成功才行。所以我先讓他參加公司各部門，使大家認識他，特別是那些「這個現在替我做事的將來會是我替他做事的人」認識他。而他很快就表現出自己的能力，他總是爲上司寫演講稿、解決各式各樣的問題，最後他變成大家尊敬的人。可是他還需要更艱苦的成功經驗——在店面作業、銷售、管理等事。

問：你是否對他有信心？

答：絕對是的。上司對屬下要有十分的信心才行。你稍微對他失去信心，他就會感覺出來，那麼他就垮下來。但不要忘了，我和柏金斯之間的關係，是他當副總裁以後的事。這之前，他只是一個人，一個爲公司做事的人，我待他如其他人一樣。

問：看見柏金斯逐日成長，你會不會因爲自己培養了他而高興？

答：的確。我很高興和這樣的人一起工作，我能借用他的頭腦、他的能力、他的優點和年輕，我們的關係是一段愉快的經驗。我們的人格匹配得眞好！

問：柏金斯的成功，你不會覺得受威脅吧？

答：韓考克說過一句話：「即使只是在旁邊照顧別人，也是件夠光采的事了！」我永遠記得這句話。柏金斯的成功也正意謂著我做好了我的份內事。

問：你最想把什麼東西傳遞給柏金斯呢？

答：社會意識、師父的哲學、冒險做事的意願，這些都是我們企業中已經有的。這些年來，我看著柏金斯由副總裁做到現在的董事長，這些日子是我一生中最精彩的一段呢！

專訪柏金斯

柏金斯由蘭丁引進公司，而克拉蒙卻變成他的師父。

問：你和蘭丁、克拉蒙先生之間的關係，是否幫助你發展出領導能力呢？

答：我來爪爾公司，是因爲蘭丁從我岳母那兒聽到我，所以他邀請我來面談，當時蘭丁是公司的董事長，他肯花那麼多時間在我身上，使我印象非常深刻。所以現在我爲公司那麼努力地吸收未來的企管碩士，也就不足爲奇了！蘭丁先生發現我喝茶而不喝咖啡，於是當我回到俄亥俄州服役的營房時，收到一包爪爾公司的茶葉，以及一副古式的茶具，還附了張便條：「想到你該飲些好茶！」這眞是令人忘不了的事。

問：那麼克拉蒙這個人怎麼樣？

答：我受完銷售訓練，回到公司以後才認識克拉蒙的。他使我明白，待在爪爾公司我就必須證明自己給他看。我一直告訴我自己，一旦得到他的接受和支持，我就成功了。

問：你在爪爾公司的早期，蘭丁和克拉蒙花很多時間在你身上嗎？

答：不，早年我和他們的關係並不那麼親近。實際上是我相當成功以後，才眞正接觸他們，師徒的關係才算成立。

問：師徒關係中有一種特性，那就是強烈的情感交流，年輕人被鼓勵向年長者的觀念挑戰，而年長者有信心接受它，你們的關係也是這樣嗎？

答：我和克拉蒙之間便是這樣。我們的背景是那麼的不同，而我們能有這種關係，主要是我們彼此傾慕對方，我們可以從不同的角度看同一件事，只要我們有某些共同的看法，我們就繼續完成它，而不再焦慮了。

問：如果你認爲他錯了，而你又知道自己比他年輕十九歲，你還會告訴他「你錯了！」嗎？

答：是的，我們有這樣的關係，當然它不是一開始就有的。但我無法確定它是從什麼時候開始的。誰又知道人類親密的關係是從哪兒開始的？開始時，我們還是公事公辦的關係，直到我搬到他隔壁辦公室，他才有時間告訴我一些重要的事。但我絕對不必說：「你錯了！」任何我想的都值得說出來，但他講的也值得聽一聽。不必硬要說任何他想的都值得說出來，而我想的都值得他聽。我們彼此尊敬對方的貢獻，他知道企業要改革，而我建議他可能的改革，做他的建議者，他能夠在欣賞我的創見的同時，基於自己的經驗來刪除它。這樣便產生很好的工作關係。

問：師父通常幫人發展一種新的領導特質，例如他的哲學態度、冒險的能力，你認爲這是眞的嗎？

答：是的。認識蘭丁和克拉蒙之後，我才了解：「在爪爾公司成功的，是基於關懷人的緣故。」你要變成你自己才行，要誠實、坦率、共享。了解這些基本架構後，你就能在這架構之下發展自己的方式。

問：現在爪爾公司每個新進的企管碩士實習生，都有分配一個主管做他的師父嗎？

答：是的，就像布斯（B. Booz）輔助我一樣。記得我寫信告訴他推銷的困難，收到他的同情和不同情的回答都有。至少能溝通，我就感到很好了。

問：這些師父不會是他們的直屬上司吧？

答：直屬上司的情況很少，但也有。我認爲不必過分強調這問題，事實上，我們是嘗試輔助每個新進的人員，效果有時好，有時不好。但我們總是鼓勵所有的人共同重視新進人員。

問：你是希望副總裁那樣的人，能夠在必要的時候將感情投入，好好認識他們，培養他們——就像克拉蒙對你那樣嗎？

答：如果你是問，一個人能否和別人一起工作而沒有愛心，那麼答案是否定的。如果說爲了幫助別人，而僅以縱容來表示愛心卻永遠不傷害他們，那麼答案也是否定的。因此師父的關係有點像父母那樣。我認爲，克拉蒙和我都能像父子般互相引以爲榮，然而我們如果眞是父子，也就不可能有這樣好的關係了。

問：這些年來，你注意到有師父培養和沒有師父培養的經理人有何不同嗎？

答：我不相信任何人能在沒有別人無私的幫助下而成功，不論它叫什麼。每一個成功的人背後都有個師父或導師，我們誰都受過別人的幫助，只是有些人更溫暖、更有遠見且更無私地幫助你而已。但是任何成功的人，都會永遠記住早年時候幫助他的人。

心得筆記

可以記下你讀了這篇文章後的感想，自我的省視、展望及其他。

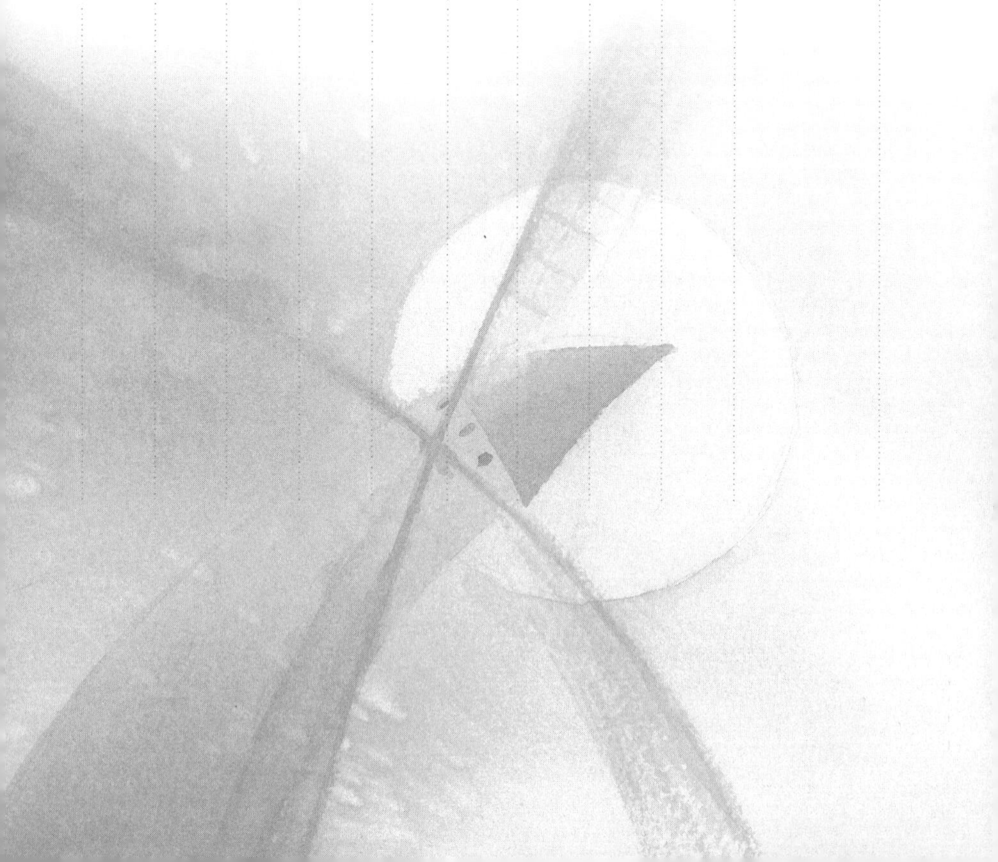

2

做個培育未來企業領袖的大師

什麼是大師？就是在組織裡有意地發掘聰明、勤勉而有社會意識的可造之材，讓他們在一個有成就、有風度的長者照顧下，學會冒險和給與取的社會意識。

企業人才的培養

對一個失去女友的男子，我們會安慰他說：「天涯何處無芳草。」

對一個感歎後繼無人的企業家，我要勸導他：「台灣何處無人才。」人才就在公司，人才就在街頭，人才就在校園，人才就在鄉村。問題是：我們願不願意主動而有效地發掘、培養？

根據中華徵信所出版的《三〇〇傑出青年企業家名錄》的分析，大約一半的傑出青年企業家背後有父兄，如**表一**。這些有父兄者，包括第一代企業家接棒人（三七．九％），弟兄的提攜助成者（四．六％），家族或本人擁有巨資或恆產者（五．〇％）。這些青年的父兄也自然地成了

影響他最深的人物。進入企業界以前，他們在家裡已有耳濡目染的經驗了。他們的智力、工作態度、人生觀、人格特質，都已經受到家庭相當程度的影響。能不能成器，這時候已經可以看出輪廓了。接下去的，便是培養可造之才的問題。

青年需要有眼光的大師

由誰來培養呢？父兄的功勞已經可以肯定

表一　傑出青年企業家的成長背景分析

背景	結構比（%）
第一代企業家之接棒人	37.9
自創小型製造業起家者	16.8
自營小型販賣業起家者	10.0
自營小型貿易公司起家者	9.6
大企業的分枝、或訓練而自立者	7.8
家族或本人擁有巨資或恆產者	5.0
弟兄之提攜助成者	4.6
有獨特技術專長者	4.3
大企業之扶植掖助者	2.9
擁有國際名廠授權（或代理）而成長者	1.1
合計	100

了，但他們很難成爲自己子女的大師，易子而教是解決的辦法之一。這樣的話，眞正的「才子」才有機會青出於藍，才有機會發展領袖的才能。這些大才在父兄的教導下，壓抑的感覺比創新的感覺強烈，因此他們很容易錯過領袖才能發展的關鍵期。

如果第一代企業家只希望自己的子女來經營父母開創的事業，則他們的子女背後有無大師，並不關緊要。現成的培養方法——即內部培養——倒是比較恰當。國內第一代企業家的接棒人經營事業訓練過程，有八九・五%是由內部培養的，如**表二**。所以現行的培養方式主要在培養良好的經營者，而不是企業領袖。

如果第一代企業家只希望自己種樹而子女乘涼，或者是放任孩子任意公子哥兒一番，而由父母事後收拾，或以行動表示「愛之深，責

表二　第一代企業家之接棒人經營事業訓練過程分析

訓練過程	結構比（%）
內部培養	89.5
其中：由基層工作開始	29.0
由中級職務開始	37.1
立於高階職務者	23.4
經由他企業訓練培養	6.5
組織新企業由其負責	4.0
合計	100

之切」，讓孩子荒廢一生，則沒有培養之需要。同樣的，如果硬要揠苗助長，子女也只有讓他們失望的份兒了。也許，這時候的第一代企業家，可以考慮自己來為人師表，多培養與自己沒有血緣關係的可造之材。

至於其他一半的年輕企業家，都是自己創業的，其中只有一〇・七%是受大企業經營之薰陶者。大多數則是自己由小而大摸索的，如**表三**。即使是那些受大企業經營之薰陶者，背後也只有良師，而無有意識栽培他們的大師。

培養未來的企業領袖

什麼是大師？就是在一個組織裡，有意地發掘聰明、勤勉而有社會意識的可造之材，將他們引進公司，讓他們有機會在一個有成就、有風度的長者的照顧下，學會冒險，學會給與取的社會

表三　創業之青年企業家經營事業訓練過程分析

訓練過程	結構比（%）
自己由小而大摸索	55.0
擔任同行業之公司職員	14.1
擔任同行業之工廠技術員	12.8
受大企業經營之薰陶者	10.7
自國外帶回觀念或技術者	7.4
合計	100

意識，學會以設身處地的心胸與人相處，學會組織良好的傳統，並且在良好的傳統中發展自己的領導方式。讓他們奠定「好的開始是成功的一半」的基礎。

這種年長者和培養中的未來領袖，他們之間的關係可以說是師徒的關係。這種關係是一對一的，而這個年長者便是師父。美國的爪爾茶葉公司就是以師父制度而聞名於世，他們培養出來的，都是有眼光、有愛心的企業領袖，而不只是企業的經營者。

企業界常常面臨發展與創新的困難，「不創新即死亡」、「不發展即落伍」更是大家熟悉的話。然而，要有怎樣的收穫，便要播怎樣的種子。在面臨現實環境的挑戰時，想要發展生存，就得發掘與培養人才，人才不是沒有，反倒是到處都有。只要企業界的領袖願意培養，做年輕人的師父，把愛心和耐心放在他們身上，那麼憑著年長者的經驗和指導，年輕的企業人才必然能夠創新與發展，完全發揮他們的潛力。企業組織也得以突破現有的階段，達到創新與發展的新境界。

心得筆記

可以記下你讀了這篇文章後的感想，自我的省視、展望及其他。

3 師生關係

影響學生最大的大概是：在學生的心目中，教師是否讓他們感覺溫暖和關心他們。這種溫暖和關心不是出自教師的觀點，而是學生的感受。

一九五二年諾貝爾文學獎得主美國作家史坦貝克寫了一篇有關師生之間的文章，開頭的一段這樣寫著：

> 最近我那十一歲的兒子走到我身邊，以一種再也無法容忍的口氣問我：「爸，到底我還要在學校耽誤多少年？」「大約十五年。」我說。「啊！老天！」他沮喪地說：「一定要嗎？」

在國內，小說家黃春明在一個偶然的機會告訴我一個類似的故事。有一天，他和四歲的兒子聊天，他兒子突然正正經經地對他說：「爸爸，你不乖，我叫警察把你關到×××托兒所喔！」

偉大的藝術家——老師

這兩位作家都沒有忘記孩子第一次上學的前幾天的興奮，恨不得眼睛一張開就開學了。曾幾何時，學校在他們心中變成枯燥無聊甚至可怕的地方，進去讀書就像被關進監獄一樣。同樣令人驚奇的，當我聽到一群大學生在描述他們的明星母校時，這麼說：「××是個做夢也想進去的學校，一旦進去了卻馬上想退出來。看在考大學的份上，才待下來。」誰知道，大學也是中學的拷貝（copy）。

史坦貝克確信偉大的教師就是偉大的藝術家，這樣的教師並不多見。他說自己很幸運，一生中居然碰到三位這樣的教師。眞正啓蒙他的是一位中學教他數學和科學的女老師，她引發學生的興趣，激發學生的好奇，提昇學生的成就慾望。每次上課，同學手上握著「事實」和「眞理」，在空中不停的搖晃，嘴裡大嚷大叫，每個人都要證明他蒐集的資料和他研究的心得是最有意義的。當然，這一班是全校最吵的一班。

史坦貝克向來連最簡單的算術都不會做，居然覺得：「抽象數學很像音樂。」——可不是嗎？教授語言學、作曲〈教我如何不想她〉而專攻數學的趙元任先生，不就是一個活生生的例子嗎？——史坦貝克經過他老師的影響，對數學的「恐懼感消失了」，最重要的是發現「求眞原來是如此的動人和彌足珍貴」！

學生需要溫暖和關心

在學生的心目中，學校究竟是求知中取樂抑或受苦的場所，而教材的有無意義、是否枯燥，都和教師本人和他的行爲很有關係。那麼，什麼樣的教師、什麼樣的師生活動，才能讓學生覺得學校是一個可愛的地方，而對讀書求知興致勃勃呢？

曾經有這麼一個大學生寫了一篇文章，說：

> 我們長大了，用歡笑來填滿我們的傷痕，到底人是不該常皺著臉的。
>
> 李老師教我們精密的思考。她做對了，小男孩在教室內可以自由發言，可以做著最有意義的事，還有那草地上上課的日子，我們暫時喘了口氣，有個溫暖的地方了。
>
> 我們要站在自己的腳跟上，用自己的泥巴塑造自己，我們需要溫暖和關心，但是離我們遠點，不要太抓牢了，我們已經滿足了。
>
> 夏天的夜裡，我睡在唐家中，半夜裡一床的冷風驚醒了我，栖栖惶惶裡記得夢到李老師是我們的媽媽，抬頭窗外，皓皓千里的冷月，撒落大地成水晶的世界，小男孩們不知是否笑著進入夢鄉。

學生需要的是溫暖和關心，但是「不要太抓牢了」他們。在國外，成千累萬有關教師行爲

對學生影響的研究，發現影響學生最大的大概就是：在學生的心目中，教師是否讓他們感覺溫暖和關心他們。這種溫暖和關心不是出自教師的觀點，而是學生的感受。

密西根大學（University of Michigan）教授麥愷祈（W. J. McKeachie）和一位台灣去的心理學者林貽光，在一九七一年研究師生之間的行爲，有四個題目是用來測量教師是否給學生溫暖的感覺的：

- 教師本人對學生是不是眞的感到興趣？
- 教師是否能夠叫出學生的名字？
- 學生在教室裡彼此關係是否友善？
- 教師是否友善？

根據他們研究的結果：如果教師是女的，不管學生的性別或他們是否需要滿足人際交往的關係，只要教師讓學生感覺溫暖，對學生成績就有好的影響。而讓學生感覺溫暖的男老師，對女生的成績會有好影響，對男生的影響，歸屬感強的受益比較大。

李老師能給予學生溫暖和關心，而且能訓練他們精密思考，全班的學生不管男女，不管歸屬感強弱，都這樣敬愛她，這是可以理解的。國外的研究支持了國內的實例。

理想中的媽媽總是溫暖和關心的，一個「教人」的教師應該是另外情境的媽媽。任何一個理想的媽媽終究不會婆婆媽媽，完全用自己的觀點來關心子女，把子女當做完成自己某些慾望的「工具」。看過《朱門巧婦》（*Cat on a Hot Tin Roof*）或者《奪標》（*My Way*）電影的人應該可以了解這種拚命要「抓牢」孩子，也就是要支配孩子的升學、就業、婚姻的行爲所造成的悲劇。這是有條件的「愛護」子女。

一個教師如果因爲學生來自貧苦家庭，或者因爲他們犯過錯，來自益智班，就引以爲恥，不肯盡心教他們，這些學生就不會感覺老師的溫暖。而來自富貴家庭或者能力特強的學生，對這樣的老師，大概也知道老師是有條件的接受他們，也就不會尊敬他們的老師了。

一個良好的教師對學生應該無條件的接受，不干涉、不占有、不抓牢他們；相反地，教師應該設身處地，讓學生感覺溫暖。非指導性輔導理論的祖師羅傑斯（Carl Rogers, 1902-87）一再的強調，只有抱持這種態度的老師，才能讓學生產生有意義的學習，發揮學生的潛能和創造力等等。

麥愷祈教授歸納了一九七〇年以後許多學者對師生關係行爲的研究，更支持了羅吉斯的看法。

能夠關心和給予學生溫暖的老師，才能讓學生「在教室內可以自由發言，可以做著最有意義的事，可以在草地上上課」……，雖然這種教法不一定能幫助學生在需要死背的考試上得高分。但對於需要高度思考的測驗和表現，一定很有幫助；大學生如此，中學生如此，對小學生

也是這樣的。哈登和林湯（A. Haddon & H. Lytton）一九七一年發表一篇報告，發現接受類似李老師的教學方式、即將畢業的英國小學生，比起接受傳統的教學方式的學生，他們的創造思考顯著地提高，並且經過四年以後，這種效果仍然存在。

師生相互影響

學生可以受到老師的影響，同樣的，老師也可以受到學生的影響。讀完前面引錄的文章，李老師寫了這麼一封信給我（這封信的引用得到允許）：

偶爾從你的口中，得知小男孩們對我的感覺，但總以為不過是說說而已；直到我看了這篇文章，方知其情之真切。事實上我沒有他們想像的那樣好，我平凡得很；是他們集體性的熱情與情感的理想化，才塑造了他們心目中的「我」。不管他們如何藝術性地美化我，他們那份對生命的摯熱，實在太令我感動了。相信曾與張共同身歷各種生活情境的男孩子看了這篇文章，必然會激起甜蜜、激動與驕傲的感觸。要不是這篇文章，我真沒想到在張那一副顯得那麼冷漠的面孔下，有那樣一顆熱騰騰的心。

這班的可愛處在於他們各有各的「獨我」，但這些獨特的我，卻能協調一致地融和成全班性而突出的大我。在他們身上，我看到了集體力量所發揮出來的功能。偶爾我想到這個大我是否也會遭到畢業而解體的命運？

李老師的字裡行間，顯示對這一班學生的益發欣賞；事實上，她也更加努力地把她的所知給予學生。許多教育心理學家的研究，支持了學生影響老師的力量。研究教師行爲的泰斗蓋基（N. L. Gage）就研究這樣的問題，學生誠實的給予老師書面上的回饋（feedback），教師往往會依著學生的期望，改變他們的行爲。後來兩個有關這方面的研究更進一步的給予我們信心。簡金斯和狄諾（J. R. Jenkins & S. L. Deno）以及克萊恩（S. S. Klein）的研究發現：在教室裡學生是否表示熱心的聽講、向老師點頭、微笑、記筆記、答問題等等，不但影響學生對自己的評價，而且也讓老師在行爲上愈來愈符合學生合情合理的要求。

上教育心理學的課程時，講到教學相長，我總喜歡讓學生做一個實驗：請一個同學上台當臨時老師上課，其他同學分成兩組，一組在老師講課時給予點頭、微笑、專心聽講、問問題；另一組對老師則表示毫不關心、低頭看書、甚至交頭接耳。這位臨時老師慢慢的只對第一組的學生講話，甚至整個身子面向他們。事後問他，他竟不知道自己的行爲已受改變。有的臨時老師甚至埋怨那些不聽講、不專心的學生。

老師影響學生，學生影響老師，師生之間本來就是教學相長的關係。其實，人與人之間也是這樣的關係，不是說「三人行必有我師」嗎？

心得筆記

可以記下你讀了這篇文章後的感想，自我的省視、展望及其他。

4

四類師徒與三八社群

尋找良師益友的時候，大概有兩個判準：一是良師益友的廣度，一是你與良師益友關係的深度。

每個青年在追尋夢想的時候，有良師益友的協助比較容易成功。人有時候不必親自被蚊子叮咬，才知道被蚊子咬的感覺，只要能擁有過來人當良師益友，就可以省掉很多挫折的路。良師益友的一個經驗的分享，或者畫龍點睛、臨門一腳的提醒，可以讓你的路走得比較順，省掉很多時間與精力。

尋找生涯中的老師

□創業精神型的師徒關係

我常常講，每一個年輕人都希望成功，要成功需要「創業精神」。所謂創業精神，不是要

人一定成爲創業家，而是指具有適度且理性思維的冒險精神、執行的意志力以及可能的完成方案。創業精神也可以運用在選擇建立良師益友的師徒關係上。

尋找良師益友的時候，大概有兩個判準：一是良師益友的廣度，一是你與良師益友關係的深度。所謂廣度，是說你的良師益友不只一兩個，通常有許多個，而且可能來自不同的領域或經驗範圍。比如說有個良師益友可能來自你學校的老師或社團的指導學長；也可能是沒有教過你但是與你特別投緣的師長。

我在美國讀書的時候，很多老師都和我很投緣，當時有很多老師剛到學校教書，而我是已經快要畢業的博士班學生，他們大概都聽說我這個人很有趣，講話很幽默，其實我的幽默多半都是因爲誠實的反應所產生的笑話：我常會說我考不好，我覺得考不好是以台灣的標準來看，就是分數高低，但外國的標準都以A、B的等級來分而已；或者我老覺得自己英文不好，所以寫得很慢，又擔心不能把自己眞正想表達的表達出來，所以我判斷我考得不好。或許老師們也把我的外國人身分考慮進去，反而把我的分數打高了，但我還是常常向他們打趣說：「完了，我英文不好，我考不好，要去開餐館了！」總之，老師們覺得我很懂得自我解嘲，很幽默，也因此很願意很喜歡和我談話，談話之間，老師們會說很多找工作的經驗或研究心得，讓我得到不同的收穫。

不過，老師當你的良師益友畢竟還是著重在學校範圍，但人不是一生都待在學校，所以良師益友也可能來自親朋好友，你的社區鄰居、社團活動夥伴或你所投入的宗教團體中的成員、網友等，甚至去聽一場演講、參加一個活動等，都可以遇見你人生的良師益友。

你主動開創的時候，就會得到很多機會，得到更多不同種類的良師益友。當良師益友的廣度大的時候，人生在轉換跑道，或者不同階段的成長，或者在做各種選擇或衝突考慮的時候，這些良師益友就可以提供意見，你可以傾聽第二、第三種聲音，但是還是要秉持創業精神，有主見地判斷並執行。

深度方面，就是要對每一個良師益友彼此保持關心，不一定要常見面，但是緊要關頭的時候，要能互相注意協助。每個人在不同生命階段會有不同的狀況，需要良師益友在不同的階段裡，彼此扶持或解惑幫助。

但是，師徒之間是要互相有回饋的，當師徒變成朋友或者說良師益友的時候，也就是開始回饋的時候。以我來說，我覺得可愛的學生，是那些會傳些我喜歡的好文章、送好書給我的人，這就是一種回饋，也就是在一個「了解」的層面下，每個人有不同的興趣或專長，但是可以交流回饋，互相尊重、互相欣賞、互相分享，更是一種親密關係的多元維繫。

第一等人製造機會，第二等人把握機會，第三等人什麼都不做。創業型的人，或者說有創業精神的年輕人，就是知道要製造機會也把握機會結識良師益友，也因此他的良師益友的廣度及深度都會增加。這類人在工作上，無論是要轉換跑道、面對不同挑戰時，都會得到很多人的

協助與指導。

□從一而終型的師徒關係

如果能做個創意精神型的人當然很好，做不到的話，起碼要做到傳統的師徒關係，也就是從一而終。

有些人的生活就是比較狹窄，不能夠同時師事很多良師益友，認定的師父就只有一個或兩個，只能守住師父、守住工作，在台灣學界或政壇、商界等都有很多這樣的例子。這類型的關係，師徒之間通常很親近，回饋卻比較少，往往都是「一日為師、終身為父」的倫理，也是一種權威式的關係，學生變成老師的親信，老師當官的時候，學生也會一路跟進，甚至成為接班人——當然，所要冒的險就是要「跟對人」。

以現在的社會來說，如果你是屬於這類型的人，還是要多拓展生命經驗與生活範疇，尋找更多元的良師益友，畢竟現在社會變遷速度比以往快，人的變化性也大，很難維持從一而終的師徒關係了。

□機會主義型的師徒關係

有一種人我形容他們是「良師滿天下，知心無一人」，也就是良師益友的廣度很夠，但是都不深入親密的類型。心理學上把這類人叫做機會主義者，他們喜歡和很多人攀關係，嘴上總是說著「這個人是我的老師」、「那個人是我的好友」之類的，實際上卻沒有多少情誼。也有人會認爲，這樣的人也不是故意的，只是比較善於溝通表達，比較懂得討好別人而已。當然，討好也分兩種：有人是把討好當作策略，也有人是從小的生長背景使然。

機會主義型的師徒關係或良師益友，是不太有機會能共同成長的。所以如果你是屬於這類型的人，應該開始重新評估，在你的良師益友群中，有哪幾個人是你相處起來最自在的，你願意多奉獻多回饋給那個人，你願意多向他學習的。把廣度轉化爲深度，就能夠朝向創業精神型師徒關係發展。

我覺得轉化爲創業精神型的師徒關係很重要，因爲我們無法知道人生道路上究竟會發生哪些事情，成長本來就需要分享，需要資訊，人每一分鐘每一天每一月每一年都只能活一次，所以很多事情、很多路你做過走過後，或許會感嘆：「如果我再年輕……我要……」如果你把這樣的感嘆轉爲經驗分享給別人，讓別人少走些冤枉路，這樣的師父其實滿多，也是最理想的。

像我有些朋友，很喜歡分享看電影或閱讀的感覺和感想，或者生活當中的智慧，每次聽聞，我就也會想去讀去看，即使嘗試之後的看法不盡相同，但是也可以分享自己的心思，一來一往之間，更堅定了良師益友的親密關係，讓彼此都有所成長或體悟，有時候還可以學習很多新鮮事。

□守株待兔型的師徒關係

第四種我覺得比較可憐：可能相識一兩人，關係也不甚深，無一是知己。這樣的人就是被動吸納、守株待兔的師徒關係，往往在最需要人幫助的時候，不知道該找誰，或者能夠找誰，總是期待別人主動幫忙；但是因爲一直沒有與別人建立良師益友的關係，就只能碰運氣。

這樣的人一定要先想辦法將從過去成長到現在的歷程中，覺得相處起來還算自在且可以分享的名單整理出來，無論有多難都去找出來。我建議用卡片，用網路、電話簿查出聯絡方法，排出自己喜歡的順序，然後採用「排除法」一一刪減，最後嘗試去聯絡名單上的人選。你會發現，名單上的對方或許會很驚訝你找他，或許會喜極而泣，而你確實可以開始建立新的關係。

如果你的師徒關係屬於後面三型，最好還是轉化爲創業精神型。從一而終型要想辦法增加廣度，其他兩型則應增加深度。廣度不夠的，不妨主動選擇一些喜歡或適合的場所或主題去上課、參加活動，回到學校是最好，一定可以增加生命中的良師益友。深度不夠的，先列舉相處對話比較自在的朋友或師長同事開始，增加互動、溝通、關心、回饋的機制，先通個 e-mail 就是滿好的方式。

我在紐約教書的時候，有一位同事好友，IQ一百七十九，成就相當高，可是他最想做的事情就是寫喜劇劇本，結果偶然學校佈告欄上公開我參加過劇團演出的經驗，他知道之後就很興奮，拿了很多劇本和我分享，還一起開課像說對口相聲一樣。後來我回到台灣，很久沒有聯絡，兩年前我突然收到他寫來的 e-mail，他告訴我：「你一定不會相信，但是你也一定會相信……」他與原來太太離婚另娶，孩子都讀完大學了，也已不做心理學研究工作，從紐約搬到舊金山，開始當笑星，也幫人寫劇本……我也趕快回信。

其實，朋友的關係眞是非常非常好的，要開發也要珍惜，你關懷對方，對方也會關懷你，就從 e-mail 開始！

建立自己的三八社群

青年需要良師，也需要不同領域的益友。良師在年齡上多少與自己有些差距，不過也帶有益友特質，而如果益友也成良師的話，就帶有**三八社群**的特色。

中國人常說：「三人行必有我師。」必定有它的道理。在愛情當中最好就是一對一，朋友當中則三人爲一組是相當理想的單位。三人容易分工合作，三人可以行動自如，三人當中常會有所謂仲裁的角色出現，或者互相制衡的狀態，也通常是因爲有共同理想或志趣而結合的。也就是說，任何人在交往的過程中，總是會產生這樣三者、三人的關係。

從八大多元智慧的角度來看，組成不同的社群團體是非常好的。因爲人各有「智」，依照

個人智慧特長，組成團隊，有人擅長語文，有人擅長數理邏輯，有人擅長空間關係，有人擅長肢體，有人擅長音樂，有人擅長自省，有人擅長人際溝通，有人擅長自然博物。由於社會變遷迅速，資訊繁多，擁有社群就可以從個人本身的經驗、專長、閱讀的資料等，串聯發展到社群整體，增加智慧的廣度，這是我覺得第一個可做的事情。

第二個可做的事情是，就某個智慧深度化。同一個智慧當中，還是有不同層次的分化與知識，以舞蹈來說，就有表演的、創作的、評論的等等不同領域；或者就運動來說，也有體操、球類、競技、健身等分別。如果建立的社群是在同樣智慧領域中，就可能因爲互相交流而更具深度。即使在很狹窄的智慧領域中，同樣有人很適合做記憶工作，有人適合創意工作，有人適合分析工作，每人有不同的能力、不同的展現。

當然，建立或加入社群不見得非要八個人，而是以成長性團體爲要。首先就是要分享，也就是提供你專長的部分給對方，然後請教對方的專長以解決你的問題。比如說我們去參觀宜蘭的綠色博覽會，跟著一個有自然博物智慧的人同行，他可能就是我們的隨行老師，負責講解相關的知識訊息，所以他得花時間準備，自然有所成長，而同行的我們也因爲他的解說，有所收穫，其中如果有語文智慧專長的人，可以分享文學作品中的相關描述……就可能串連成很有趣的活動，讓所有參與者都覺得有意思。電影《神鬼戰士》（*Gladiator*）的靈感創意來源據說是一幅畫，這也是不同智慧領域當中，交流互動引發出來的例子之一。

主動的人建立社群，較被動的參與社群，無論建立或參與，都可以讓生活圈子愈來愈大，無論年紀，無論性別，無論時間地點，我們都可以一種一種，慢慢建立自己的八人社群。先交朋友，不要有壓力，醞釀一種「自然分享」的氛圍，然後逐步開發自己的腦力、茁壯自己的多元智慧。

社群或團體也不見得每次都要有很嚴肅的主題，可以很隨性的只是吃個飯，分享自己喜歡的餐廳，因爲每個人的感覺、角度不同，有人喜歡氣氛，有人喜歡菜色，有人喜歡空間，有人喜歡服務品質……不同的智慧、不同的人所觀察所體會的也不一樣，透過分享就會了解同樣事物的不同面向，這才是建立社群的基本概念。我還對一群警官做過一個活動，叫做「你旅行過的地方，哪裡讓你印象最深刻？爲什麼？」那天參與的每個人，所講出來的經驗都是一篇非常好的旅行散文，可惜我沒有紀錄下來。

所以，無論是「三人行必有我師」，或者依循八種多元智慧的架構，去開發不同的社群，只要掌握分享的原則與態度，「三八」一番又何妨，人生的益友就在其中！

心得筆記

可以記下你讀了這篇文章後的感想，自我的省視、展望及其他。

第四篇

尋求終身的職業或事業

青年的第四個大夢，就是尋求終身的職業或事業。

年輕人在肯定人生價值的時候，往往必須尋求一個工作或職業，一方面滿足基本需求，一方面也可以透過工作尋找人生的理想。因此，與就業有關的一切準備和心理建設，就變得非常重要。

在這個講求多元智慧的時代，年輕人更應展開腳踏實地跨領域的學習成長之旅，讓自己成爲Ｔ型甚至Ａ型人物。

有非常之人，然後有非常之事。
有非常之事，然後有非常之功。

——司馬相如，〈難蜀父老〉

即使好吃的東西，也無法連續吃八小時；遊戲也一樣。只有工作，即使做八小時也不厭倦，而且還想再做。

——蕭伯納（George Bernard Shaw）

1

青年的第三個大夢

青年人在肯定人生價值的時候，必須尋求一個工作或職業，一方面滿足基本的需求，一方面也可透過工作尋求人生的理想。

一九六一年一月二十日，詩人佛洛斯特應美國總統甘迺迪（John F. Kennedy, 1917-63）的邀請，在總統就職典禮上朗誦詩作〈全心的奉獻〉，這是歷史上第一個受國家元首如此重視的詩人。

佛洛斯特唸大學的時候，也面臨升學與就業問題。他比一般人的勇氣大，在大學沒畢業的時候，就決定做個詩人。他發現大學教育不可能給他創作方面的幫助，他就離開了——我不是鼓勵你們這樣做。

離開學校之後，他教過書，做過鞋匠，編過週刊，開過農場，生活並不好，當時唯一的希望，便是能找出時間寫自己喜歡的詩。然而，二十年來他的文學生活並沒有起色，三十八歲那年，他覺得再待在美國不是辦法，正好他祖父去逝，留給他一筆遺產，他便把遺產賣掉，和太

太、孩子一起到英國。他懷著破釜沈舟的心情到倫敦，卻在那兒成名、受到注目，不久他的《波士頓以北》(*North of Boston*)問世，美國也因爲大西洋彼岸的歡呼聲而開始注意他了。等到一九一五年他回到美國時，各地紛紛邀請他講學、誦詩，榮譽接踵而來。

升學vs.就業

升學和就業是不是有衝突呢？許多學生常常問我：「二者當中要選哪一個？」我告訴他：「你先把爲什麼要升學的理由列出來，如果你要這樣做，你衡量一下自己有什麼優點，具有哪些缺點，這些優缺點到底會不會幫助你或阻礙你達到升學的目的？如果你要就業，那麼你要做什麼事？你有哪些特點可以完成就業的目標？你有哪些缺點可能會阻礙你，都把它們列出來。然後想像五年後，你是否會達到原先的就業目標？」

這樣，我們就會發現升學與就業未必一定是衝突的，至少對一些人而言是不衝突的。之所以會衝突，多半因爲自己對二者都不淸楚。到底升學本身就是目的呢？還是只是一個工具？如果自己能看看五年之後可能發生的結果，現在的看法就不一樣了。

既然升學與就業未必衝突，那麼你可以想像未來五年當中你應該先做哪一件？它們常常只是先後的問題，而不是互斥的。當然，這與你眞正想讀什麼、想做什麼是有關的。

我還記得在一九七五至七六年一年當中，根據學術交流基金會做的一項統計，情況是這樣的：

一、台灣學生出國以留學名義簽證的有五、一一三人。

二、哪一所學校最多？台大最多。

台大：一、〇七五人。

輔大：三五二人。

淡江：二九九人。

政大：二二〇人。

三、哪一個學院、哪一系的學生最多？

理學院第一。

工學院第二。

商學院第三。

理學院中又以物理系最多，再來是化學，再來是化工、數學、電機、機械、企管。如果把企管、會統合在一起，企管系的排名就提高了，不過還是理工最多。

四、到美國的哪些學校最多？

中部的密蘇里州立大學（Missouri State University）最多，有一百二十人。辛辛那提大學（Uni-

versity of Cincinnati）八十五人。紐約州立大學石溪分校（State University of New York at Stony Brook）七十人。俄亥俄州立大學六十九人。

最近幾年又是如何？從一九八八到二〇〇二年，台灣的留學人數由每年八千多人逐年增到三萬兩千多人，各國數量依序爲美國、英國、澳洲、加拿大、日本等，另外到法國、德國、紐西蘭、義大利、西班牙、荷蘭、瑞士等國家的人數也略有增加。最大宗還是美國。

以二〇〇二年度來看，台灣在美的留學生約有三三、七九一人，二五%就讀於排名前二十名的學校；五四%就讀研究所，三四%就讀大學部，一〇%就讀非學位課程或語言學校。二〇〇二年度申請到美國的有一三、七六七人，占全國留學人數的四〇・七%。

台灣留美學生人數最多的州是加州（二三%，五、五六一人），然後是紐約州（一四%，三、四一〇人）、德州（七%，一、八一六人）、賓州（五%，一、一〇八人）和麻州（四%，一、〇七七人）。台灣留學生人數最多的學校則是南加大（University of Southern California，加州，六九六人）、紐約大學（New York University，紐約州，四九二人）、波士頓大學（Boston University，麻州，三四九人）、Academy of Art College（加州，三三一人）和哥倫比亞大學（Columbia University，紐約州，三二四人）。台灣留學生人數之多，占在美留學國家的第五位。

大多數人選擇美國的原因在於：

- 與國內教育體制類似，轉換適應容易；
- 選課自由多樣，可學習自我管理；
- 跨領域機會多，異質孕育創意；
- 教學方式互動性、啓發性高；
- 耳濡目染創意行動，體驗自由與紀律之互補；
- 親臨英文現場，體會文化脈絡；
- 與世界菁英爲伍，建立國際人際網路；
- 訪問考察方便，實習應用機會多；
- 台灣校友多，易於建立人際網路。

升學的目的

爲什麼要升學？是爲了興趣和志向？或是只爲升學而升學？有些人確實是知道自己要幹什麼而升學的，有些人則否。我常問學生：「你喜歡不喜歡將來在大學教書？」大部分的人都說不喜歡。

我會對學生說：「如果你喜歡在大學教書、作研究，尤其是你能耐得住實驗室裡寂寞的求證歷程，也能從求證的過程和結果得到滿足，你便可以走這條路。否則只爲讀一個博士學位，

我覺得會給你帶來很多的束縛……」

有些人出國總是先拿個博士學位再說，就像管他演什麼，進電影院先買門票一樣，而不是很清楚自己是不是適合做研究或教學工作。所以我問你自己的興趣、志向到底是什麼。要知道，從事研究工作或教學工作的人一定有很多的條件，其中之一，便是剛才所說的，要能忍受做學問過程的寂寞。做學問本身是相當寂寞的，但那種寂寞又給你帶來很多的快樂。你能不能這樣呢？如果不能這樣，那麼只是做一個普通的教學匠，我覺得大可不必遠渡重洋。

當然，國內也有很多研究所，但比例還是很小，不能容納太多人，一個人如果考不取國內的研究所，他還可以到國外進一個比研究所更好的學校，可以拿到獎學金，同時在國外四年內能拿到博士學位。但是在國內，兩年不一定能取得碩士。所以有志求知更上層樓，可以擬一個升學的計劃，選擇出國唸書也是一條路。

可是爲了出國而出國就不同了。

學歷有用？無用？

有的人認爲升學不爲什麼，只是多拿一張學位文憑罷了。以基本的薪水起薪來說，大學畢業的工作能力不見得比沒唸大學的好，研究所畢業的也未必比大學畢業的好，但起薪就是不一樣。沒唸大學或研究所，要好幾年才能爬上相等的位置，所以唸大學也是一種投資，多了個學位，如果不浪費很多的時間、不很辛苦，從就業的觀點看不失爲一個好的投資。

美國做過一個全國大學生的調查研究，樣本很大，問大一學生爲什麼要讀大學，結果有七七%的人認爲是爲了找比較好的工作。

根據最近的統計，只有高中畢業的學生最值得同情，如果沒一技之長，那眞是前途茫茫。王永慶先生曾說他不大相信大學的教育，但是他在用人的時候，還是要考慮這個因素。

如果決定自己創業，以大學生來說，多讀一個學位並不是一個很好的投資。有幾個理由，第一：十七到三十三歲的這個階段，應該是你在工作中找到一個很好的導師或師父的時候。這時候你最能合作，最能冒險，精力也最旺盛；一旦超過三十五歲，重新創業就比較困難了，你會感覺壓力很大，如果結了婚又有孩子，願意就更低了。打開報紙一看，三十五歲以上的人謀職似乎處處碰壁，大部分的機構，都會限定要三十或四十歲以下的人。所以在你年輕力盛時，創業容易。而要創業的話，大學畢業後還要拿一個學位，我認爲這是不划算的。

第二個理由是：多拿一個學位後，薪水、職位往往會升高，甚至高到讓你不想放棄。戀棧心理油然而生，但你原本的決定卻是要創業。在這種情況下，多讀學位的投資可能划不來。

出國是爲了行萬里路

有些人出國的目的不在唸書，而在旅行，增廣見聞。所謂「行萬里路，讀萬卷書」，這句

話很有意義，我也很鼓勵這樣。畢業班在畢業前好好旅行一次是很好的，當然，國外旅行也許不易，但至少國內旅行是可以的，我把它叫做「教育的旅行」。所有的人，尤其是想要從事創作、創業的人，或者將來想要從事與大衆或消費者有關職業的人，我勸你多多旅行。

差不多所有人文主義的心理學家都會告訴你——要去旅行。他們即使未提到這件事，自己也都有這種經驗，而且旅行的經驗對他們影響很大。旅行就是讓你眞正地和社會接觸。你的生活是根，而事實的發展和藝術的創作則是花、果。

就以作家楊逵先生（1905-85）作個例子，楊逵在一九七三的時候重回文壇，爲台灣文學運動掀起一陣風潮。他的作品《壓不扁的玫瑰花》曾經被收入國中國文教科書中，可以說是從灰塵中再度被人發現。被遺忘、冷落了二十多年之後，終於被歷史和時間證實應得的地位。

楊逵十九歲的時候，抱著工讀的決心，不顧一切前往日本，想到日本「教育旅行」。那時候他連旅費、生活費都成問題，總算省吃儉用存下二十元，二哥賣掉心愛的小提琴得二十元，再加上親戚資助的二十元，他就拿著六十元坐船到日本去了。那時候，台灣的學生大部分是到日本升學的，所以他也想到日本歷練自己，以便回來奉獻自己的一份力量。

他到東京的時候，正好東京大地震之後不久，災情非常慘重。他必須設法在劫後的東京生存下去。於是他一面補習中學課程，一面到處打工來支持自己的生活，只要能賺到錢的事他都做，送報、木工、玩具工作、撐電線桿……他一概不拒。

那時候的日本，社會問題、勞工問題非常嚴重，失業的人有三百萬，老闆不怕找不到人工作，所以對勞工很苛刻。找到的工作往往也只是臨時性的，糊口都成問題了。在這種情況下，他一面拚命找工作，一面努力唸書，時時刻刻充實自己。

由於自己親身工作的經驗，他了解許許多多書本上所沒說的事情，他開始參加各種活動，發表文章，並且密切注意世界的潮流和台灣的變化。他常常在白天工作，夜間讀書。半夜從圖書館回到住處的時候，他會告訴自己：要多多充實自己，及早回台灣，參加台灣的抗日民族運動。

終於在二十二歲的時候，他帶著滿腔的希望回到台灣。那時候的台灣在日本人統治之下，有許多民族運動在各個角落展開。楊逵告訴自己要永遠站在中國人這邊，於是他參加了民族運動，到處爲同胞和日本政府展開對抗。

在這些運動中，他跑遍台灣許許多多的地方，接觸到那時候台灣的許多事情，所以他能將這些經驗發表成小說，並且把握住台灣那時候大多數人的心態。這個事實，在二十幾年後終於被人接受，並且重新肯定，他眞是一朵壓不扁的文學玫瑰花。

楊逵能夠在生活中接觸問題、了解問題，然後把這些生活的經驗變成自己創作事業的根。打算出國升學的人如果也有這種想法，那麼我也很鼓勵，因爲你曉得自己爲什麼要出去，出去後要幹什麼，就像楊逵一樣，他出去的目的是充實自己，回來貢獻自己給這個出生的地方。出

國本身只是一個手段，就像旅行一樣，你要知道自己的目的地是什麼。

擴大自己的生活經驗

有一次，我坐計程車，計程車司機問我：你是不是廣東人？我說：你怎麼會認為我是廣東人？他說：你腔調怪怪的。我說：我是宜蘭人。於是我們就聊了起來，因為路很長，我們就說了許多話。他原來是個建築師，本來經營很成功，但是有一批房子他認為一定會賺錢，結果賣出去的比例很低，他就垮了。

垮下來後，他發現自己對客戶很不了解，所以他就開計程車。開計程車的時候，他可以和顧客聊天，從聊天中可以了解乘客。這就是他發現自己的經驗不夠，以開計程車來擴大自己的生活經驗的理由。

前面說的佛洛斯特、楊逵都是這樣。以前的人像李白、杜甫也是，他們為了創作而教育旅行，這對他們的創作非常有幫助，而不是關在象牙塔裡，憑空想像，與現實世界脫離了一大段距離。

企業界也是這樣，教育工作人員也必須這樣才行。做為一個關心這個社會的人，做為一個工作和青年人有關的人，我覺得有必要了解青年。以我自己來說吧！我好幾年沒教大一學生了，忽然發現自己和他們在一起會有陌生的感覺。以前在教大一的時候，常常聽他們講他們的語言、他們的笑話。聽到那些青年的語言，會感覺到什麼，不會覺得自己是鴨子聽雷。然而，現在面對他們說話時，我會有代溝的疑慮，尤其是在舉例子說明概念時，以爲他們該懂、會懂，結果他們沒懂。這樣說來，如果不是表達有問題，就是因爲生活的內容或方式不一樣了。

說到升學的目的，如果是爲了旅行、爲了生活、爲了將來的社會，就必須去接觸各種經驗。比如以企業界來說，台灣的情形如果依照目前的情勢繼續前進，就會朝向多國企業公司（multinational corporation）發展。像日本的松下、新力，或美國的福特、通用。它們在台灣、歐洲、美國、日本，幾乎任何地方都有分公司。同樣的，我們的台塑在外國也有分公司，這是發展的趨勢。

如果你是因爲想了解這種趨勢而去旅行，我覺得非常值得。旅行的目的也許各人不同，但是不要像有些人一到紐約馬上想到第四十二街，那個地方看看可以，待太久我覺得很浪費。如果去那兒是想了解他們的文化，學習他們的語言，以後工作的時候能知己知彼，那麼我是非常贊同的。台灣的學生英文程度不差，到美國的小學校拿個碩士學位，有如探囊取物。如果你升學的目的是這樣的話，那麼我很鼓勵你去，可是不要忘了，還是歸來吧！

出國是爲了逃避現實

有些人出國是爲了逃避現實。比如說，一對年輕情人，父母親反對他們的婚姻，極力想阻

止。他母親就揚言：「如果你們在我面前結婚的話，我就死給你看。」這給他們很大的壓力，「不在她面前結婚，就到外國結婚嘛！」如果在台灣結婚，必然會產生許多衝突，那麼兩人只好出國結婚，出國後生活過得很好。後來他們寫信告訴母親這件事，爲了讓她高興，三天兩頭就送個小東西、小禮物回來，都是些母親最喜歡的，慢慢地，她改變了，開始喜歡起來。這種就是爲了逃避某種現實困難而出國，也可說是運用「迂迴戰術」來適應挫折的。

另外也有一種人爲了逃避現實而出國。有一位年輕人潛力雄厚，但不愛死讀書。在學校的分數平平，但讀自己喜歡的書幾近廢寢忘食。他也害怕繼續升學會延長「人在教室心在外」的日子。他覺得，與其如此，不如找個工作自力更生，也可把整個社會當做一個大學校。可是找來找去，找不到適合自己的工作；待在家裡，也不爲父母親人諒解。大家在關心的問題中，總帶一點不以爲然的口氣。他終於決定出國繼續升學。

在沒有工作的那段日子，儘管他經常手不釋卷，父母及家人並不以爲他在讀書。一旦決定出國留學，原本家境中上的父母樂得大請客。在父母的眼中，這樣才是讀書，才是上進。

這位年輕人在美國終於找到自己的興趣，照自己比較喜歡的方式讀了許多自己喜歡的書，他的潛能得以發揮，父母也覺得「回報率」很高。

天下父母心，多少總會望子成龍，望女成鳳的。中國的父母如此，美國的父母也是這樣。

有項調查就顯示，美國大一學生所以讀大學，有二二%是由於父母及親戚的壓力。父母不是萬能的，但父母的期望也值得考慮。所謂考慮，一定是經過理智的抉擇。

蕭伯納曾說：「即使好吃的東西，也無法連續吃八小時。遊戲也一樣。只有工作，即使八小時也不厭倦。」誠然，人可以從工作中得到樂趣，那是最好不過了。然而，人爲了滿足基本生存的需求，也需要工作。青年人在肯定人生價值的時候，必須尋求一個工作或職業，一方面滿足基本的需求，一方面也可透過工作尋求人生的理想。有時候，我們反而需要從工作的嘗試錯誤中肯定自己的生活目標。

升學可說是一種「工具」，學位高雖然有學位高的好處，也會有困擾；學位低，也未必不好，端賴我們追求的生活價值是什麼而定。希望以研究、教育爲職志的人，升學顯然是方便之途。如果要創業，大學畢業已經足足有餘了。我相信，事在人爲。先知道自己的目標及理想爲何，再決定升學或就業。魚與熊掌未必不可兼得，兩者未必是衝突的，須看個人如何安排。升學應該是尋求自己終身職業的一種途徑。爲教育旅行，爲適應挫折而留學，當然也是一途。然而，歸根究柢，無論升學與就業，都是在實現第三個大夢——尋求終身的職業或事業。

心得筆記

可以記下你讀了這篇文章後的感想，自我的省視、展望及其他。

2 十年寒窗，一紙文憑

青年的第三個大夢是發展終身的事業。「抓住一個春天」或「拒絕聯考」都只是達到這個目的的一種手段。

考試放榜後總會造就許多楷模人物：當年受刑人吳政輝聯考上榜，媒體大肆報導使他一夜之間脫穎而出，他的故事後來甚至改拍成電影《金榜浪子吳政輝》；在一般人的眼中，他一下子從「極壞的」孩子，變成充滿希望的「有爲青年」，就好像毛毛蟲突然變成蝴蝶。爲什麼會有這樣的現象呢？難道「美」與「醜」、「是」與「非」、「善」與「惡」只是因爲榜上有名？

前台大商學系系主任、任現淡江大學管理學院院長的陳定國博士，曾經解釋中國人在實際運用「唯才是用」的原則時，常常以一些外在的因素定義才能。這些外在的因素包括：學歷、年資、年齡、經驗、社會關係及背景等等。這些因素也許和才能的本身有某種程度相關，但並非才能本身。其中最明顯的外在因素是學歷，也就是文憑。大企業家王永慶先生本人只有小學畢業，卻能以自己的智慧，借用博士的腦力，發展他龐大的企業。即使如此，他自己在初用新

人時，也不得不以學歷做爲主要的參考標準。他曾說：「目前台灣企業界用人，大抵憑學歷和資歷，我認爲新進人員尚無工作表現，沒有什麼可爲考量的依據，憑學歷採用是無可厚非的。」

所以個人的學歷不同，工作的起點往往也不一樣，這就好像賽跑時起跑點不同，往後的發展機會也自然不相同了。在這樣的前提下，望子成龍、望女成鳳，「十年寒窗無人問，一舉成名天下知」也就自然的因應而生了。

無怪乎多數人都想走這條方便的大路，都想由中學而大學而留學。縱使是所讀非所願，所讀非所用，當事人及父母也都認爲是值得的。當年王永慶先生如果有機會，也有這個意願走小學、中學、大學、留學的路，說不定他就不會創造當今他自己的一條路來。

然而，路畢竟是人走出來的。同樣只有小學畢業，爲什麼王永慶能成爲大企業家，而許多人便只有接受命運的擺佈任人欺凌呢？而同樣是大學畢業，有些人懷才不遇，抑鬱一生，而有些人能貢獻所學，服務社會呢？

我想，這其間主要的差別是個人是否知道如何把握機會或甚至創造機會，來完成自己生活的目標。每個人在確定自己的生活目標之後，會不會把握機會，會不會創造機會，這都是一種抉擇。

吳政輝在監獄服刑，願不願意把握獄中補習機會，進入勵德補校；願不願意把握機會參加大專聯考，願不願意努力以赴，考取大學，這都是一種抉擇。

兩位作家，兩種抉擇

吳念眞和吳祥輝這兩位作家，同在寫作路上一展長才，然而當年在聯考路下卻是各不相同的。吳念眞以〈抓住一個春天〉這篇小說引起許多年輕人的共鳴。而吳祥輝卻以《拒絕聯考的小子》這本自傳式的故事，轟動社會。

在實際的生活裡，除了寫小說之外，吳念眞晚上唸補校，白天工作。考取了輔仁大學夜間部讀會統，白天仍然繼續工作，同時不斷地創作。他把握社會上提供夜間讀書的機會，也創造了機會讀大學。吳祥輝是有能力有信心考取大學，卻經過一番思考之後，拒絕了聯考。

讀大學對吳念眞來說是「錦上添花」，增加許多就業的機會。這條路是他自己走出來的。吳祥輝則以自己作爲榜樣，提出了另外一種青年人成長的模式。由於他喜歡寫作，勤於寫作，自己的經驗便成了最好的創作體裁。這條路也是他自己經過抉擇後走出來的。

吳祥輝拒絕聯考不是逃避現實，也不是怕考不取而以此爲藉口，更不是自毀前程。吳念眞趕夜路上大學，不是盲從，也不是向父母親交代，而是知道，讀大學可以提供自己其他的可能性。

吳念眞在〈抓住一個春天〉這篇小說裡提供青年人一個準備升學的模式。吳祥輝在《拒絕聯考的小子》中提供了另外一個模式。

□「抓住一個春天」模式

〈抓住一個春天〉這篇小說是描述一群升學壓力下的高三學生，在美麗春天的誘惑下，拋下課本去郊遊。同時，它也刻劃了年輕人對未來大學生活的憧憬及迷惘。

男主角是個高三學生，在睡夢中被鬧鐘吵醒。這時候，唸大學的哥哥就催他該起床了。事實上他昨晚開夜車，累個半死，眞想多睡一會兒。可是媽媽已經趕到房門口來催他了，只好連忙起床。哥哥說：「哎！薄命的高三學生！」他眞羨慕哥哥已經是大學生了，看他抽煙的樣子，也想試試，可是哥哥說：「少來，等考上大學以後再說。」考上大學以後，是不是什麼事都可以做了？

吃早飯時，他和唸化工系的姊姊吵了一架，姊姊是個很「成器」的人，從小唸的都是一流學校，沒有補習就考上第一志願。想到這裡就覺得家裡的人都怪怪的！自己眞不幸，是個高三學生。

這個星期天，風和日麗，是哥哥姊姊約會的日子，大學生嘛！姊姊說今天天氣眞棒，媽媽說：「還早吶！」轉過頭卻對他說：「現在八點了！補習來得及嗎？」爸爸也說：「快吃！快上課去！」於是拿了講義、筆記、紅藍筆，往補習班走去。這就是高三學生「美麗的星期天」嗎？愈想愈不甘心啊！

下了樓，遇上鄰居的三千金，也是高三學生，骨瘦如柴，眼圈發黑，大概也熬了夜。在上補習班路上，遇到一群穿著花花綠綠的國中生，快快樂樂去郊遊的樣子，心中好不羨慕。兩個人就開始懷疑起考大學到底是爲什麼？可是大家都考，自己也只好考，走一步算一步。萬一考不上又怎麼辦？高中生可找不到工作啊！

到了補習班，上的課程很豐富——英英數數化化物物。首先是英文課，大家都喜歡上，不是喜歡英文，而是老師很風趣。一開始，老師開場白：「今天眞是好天氣！郊遊的天氣！」「對！對！」大家精神都來了。然後又說：「三月陽春，和風煦日，大地一片蓬勃，而大家卻又委身課堂，置美好世界於不顧，呆在這兒看老師唱獨角戲，說來實在可憐，令人不由得一掬同情之淚！」「是嘛！是嘛！」全班再度掀起高潮，甚至有人鼓掌。

「可是，諸位要猛回頭想想看，春天到了，聯考還會遠嗎？」全班哇的一聲，再度回到現實。

「而你們也都知道，台大傅園的杜鵑花比陽明山的還要鮮豔，還要漂亮。明年的春天，當各位擁著美麗可愛的女朋友，在台大校園欣賞滿園春色之際，你們會深深覺得，雖然損失了一個春天，卻得到了永恆的春天！」全班再度精神振奮，叫苦連天。然後老師笑臉盡失：「言歸正傳，翻開講義第五十四頁，副詞與形容詞。」

中午休息時，大家實在忍不住了，決定蹺課半天，上陽明山「抓住最後一個春天」。於是

他們邀了三千金班上的幾個女孩，大家郊遊散散心。別了補習班，別了課本，「春天不該是讀書天」。

到了陽明山，看到滿山的遊人，光是那些花衣服和笑容就讓人夠開心了。紅花綠樹，空氣新鮮，吸一口氣就像喝一百杯咖啡，吃一千粒克補，全身都活過來了。暫時把聯考拋到一邊去，「曬曬太陽也好」。

晚上，回到家裡，他唸得下書了，自己告訴自己說：「我撈到了一個春天，還有擁有永恆的春天。」「好！大學、大學，我和你勢不兩立了。」

□「拒絕聯考的小子」模式

《拒絕聯考的小子》這本書，內容是描寫一位建中學生拒絕大學聯考的心理歷程及其帶來的種種遭遇。在高三時，他有信心也有能力考上一所大學，同時卻又考慮到學校未必能夠幫他完成理想中的自我，說不定還會阻撓他年輕的志氣。幾度細思量，他終於決定拒絕聯考，要在生活中透過實際的人和事教育自己，做一個「力行人」。

這位不願做聯考盲從者的年輕人是宜蘭羅東人。從小家庭很困苦，全家在窮困中掙扎著生活過來。他唸師專二年級時，爲了將來能「揚聲名，顯父母」，於是再度參加高中聯考，考上建國中學，爲了能考大學。可是三年的高中生活，卻改變了他的思想。

讀建中時，他成績很好，還擔任建中青年的編輯，高高興興的唱歌、踢球、打彈子、結交各式各樣的朋友。他想把自己訓練成唸書時專心，同樂會時能扮小丑，運動場上生龍活虎的年輕人。

高三下學期，在面臨聯考升學的抉擇時，他常常想：「人們利用各種方式追求生命的意義，用不同的方法獲得別人的喜愛和尊敬，只要他們忠於他的工作，我們就尊敬他。一個人忠於工作，生命就有意義。」「我不想謀高職，只想從事自己做主的事業，像農夫、鞋匠、木匠、作家等。雖然沒有文憑，一樣可以過著豐富而有意義的生活。」

不斷思索的結果，他決定不參加聯考，不唸大學，直接到社會中接受挑戰，追求充實自己而有意義的生活。

在決定之後，同學的反應很不一樣。有人認爲他在逃避，有人認爲他是自暴自棄。也有人佩服他的勇氣，認爲他是傳統聯考制度下開風氣之先的「烈士」，但也擔心他會平白犧牲做了個「死士」。

有人勸他這樣做一定不會成功，爲什麼不走容易的路，先求穩定自己，再來改造這個社會？當時，他突然明白了一件事——大家都知道文憑至上的盲從心理，卻沒人出來改變。還都是先拿文憑再說。於是，他深痛地說：「我不能叫別人不考聯考，因此，我用自己做榜樣。」

聯考的日子愈來愈近，同學們都在讀書，不是在學校，就是在家裡，或在圖書館，而他卻

在街頭流浪，等待學校時代的結束。以後的日子，將沒有上下課，也沒寒暑假，只有時時刻刻的學習和努力，他感到無助和孤獨了。

聯考報名的日子到了，他必須面對家人的期盼。他怕看到家人失望的表情。他們沒有讀多少書，但渴望知識，一直就把希望寄託在他身上。他們不希望兒子再同他們一樣，生活得艱辛而沒有光榮。大學畢業，工作輕鬆，待遇好，社會地位高是他們盼望的。

報名前的晚上，他告訴父親和大哥，「我不考了」，他們生氣起來，從只顧交女朋友、不唸書開始罵起，然後說到現在不考大學，當初為什麼上建中，要不然師專也畢業了。他就沈默的讓他們罵，等他們把憤怒發洩後再說理由。

他們冷靜下來後，感到事態嚴重，大家輕聲細語的勸他、安慰他：「是不是擔心考不上？」再三勸他考大學，最後各種方法不起效，只好無奈的說：「不管考不考，明天先報名。也許一個月後，你改變主意，想考也說不定，明天先報名再說。」

他體會到，客觀的事情容易說服，而根深柢固的觀念卻不容易改變。為了保持家裡親情的氣氛，只好收下報名費，但仍然按照自己的計劃——拒絕聯考了。

他假裝報了名，回家就拿著課本、參考書唸，只當家人一離開，才敢看自己喜歡的書。這種情形一直持續到聯考那天。他到同學家住，兩個人一起赴考，實際上他只是去陪考而已。

聯考考完後，他就去環島旅行一個月，回家時，家人什麼事也沒提。他知道放榜時，他們是多麼地期待又多麼地失望啊！但無論如何，事情已成定局。在這段日子裡，他們也漸漸地接受這個事實。他想：能夠有這麼愛護他、諒解他的家人，眞是太幸運了。

學問與經驗

青年的第三個大夢是發展終身的事業。「抓住一個春天」或「拒絕聯考」都只是達到這個目的的一種手段。但是無論你採取什麼模式，無論你走哪一條路，都必須經過自己仔細的考慮及抉擇，懂得把握機會，創造機會，而能不斷地學習及貢獻。王永慶先生在民國六十一年十一月十七日，曾經對一群將畢業的學生，談到學問與經驗的重要，正足以說明了事在人爲，良機靠自己把握的道理。他說：

不管在學校成績優劣如何，總是讀了十幾年的書，學問應該夠多了，要拿來應用，也應該足够的，問題在於：如何將所學所知好好利用、貢獻出來？

有許多人，學問固然高，但因為缺少工作經驗，他的學問便無從表現出來，沒有經驗還不要緊，甚至輕視實際工作，以袖手為清高，成為動口不動手的君子。學問不在實際工作當中應用、貢獻為成果，那麼再大的學問也是他個人的，這樣的學問有什麼用呢？有和沒有是一樣的。必須在實際工作當中驗證、修正，肚子裡的學問便愈真

愈精，而工作也因而更好更成功。因為有了學問，便驕傲起來，他永遠不會虛心接受工作的啓發，不關心工作，不想把工作做好，那麼，他只是在那裡混，做工作狀而已，這是學問誤了他、害了他。

有人沒有受什麼教育，他知道自己沒有學問，什麼都不懂，便安份守己、埋頭苦幹、不驕不狂，做的雖然不是大事情，不是很重要的工作，但是他一點一滴的做好它，這種小螺絲釘的精神便使得社會這一部大機械能順利開動、運轉，他們的貢獻是實實在在的、有用的。由於苦幹實幹，他們的經驗逐漸累積，由小而大，他們的成就亦積少成多，有一天，他們便成功了大事，所以，貢獻是一點一滴實實在在的做，是經驗的結晶，不是突然的，一蹴可幾的；他們因為沒有學問，才更本份，更謙虛，更努力，沒有學問反而造成他們的成功。

每年有千千萬萬的學子，都會面臨聯考的問題，縱然是夢裡尋它千百度，它的魅力卻似乎不減。然而，在面對自己終身的問題，要自己把握住現有的機會時，王永慶的話是值得玩味及借鏡的。

心得筆記

可以記下你讀了這篇文章後的感想，自我的省視、展望及其他。

3 繼續升學與就業的準備

在謀職或在職所遇到的困難，可以用集體研究、集體思考的方式解決問題。三個臭皮匠，勝過一個諸葛亮。

大四的學生，很快就要面臨畢業，準備繼續升學或就業。那麼應該做什麼準備呢？這裡，我提出一些建議。所提出的建議，一則爲了避開別人經常提到的應該準備的事項，以免重複。另一方面，這些建議是我在中、美兩國教了十二年大學及研究所的經驗。這些經驗只是供各位參考，而不是公式。

升學的準備

如果你準備到國外進修，申請學校時，大部分的學校都會要求你請你的老師寫信推薦你。一般推薦信的內容包含些什麼呢？從推薦信的內容，我們可以了解學校希望你具備哪些特性或能力，你可以針對此早做準備。也就是說，除了學校的成績、研究的成果、GRE及GMAT

的分數之外，還需要看你的智力、與人相處的能力、責任感、想像力、教學的能力、研究的能力等等。更具體的說，可以包含下面幾種能力和行爲。

一、研究和工作的技能：你在學校時，有沒有參加過科學研究的競賽？有沒有自己獨立或與人合作做過研究？研究報告是不是寫得清楚明白、合乎格式？你能不能使用電腦撰寫程式？會不會操作桌上電算機？研究所需的一些計算及統計的技巧是否熟練？這些問題，都是關乎研究和工作的技能的。

這些技能是很重要的，必須從實際的研究或實驗中習得。比如你是學自然科學或是生物科學的，做實驗可學會使用電鑽、馬達、計數器等等事情。有時候，你要爲老鼠蓋屋，也可學會木工、鐵工方面的技能。有時自己要運用工具設計儀器，塑膠要分割成塊，鋼板要鑽孔，房子要裝小燈……凡此種種，你都可學會善用許多工具，也學會許多技能。這些技能，對你升學、甚至就業，都是非常有幫助的。

二、獨創性的觀念：所謂獨創性的觀念，簡單地說，就是觀念要能與眾不同。如果你的觀念和別人沒有什麼不一樣，機會也就和別人差不多。在課堂討論時，你是不是能激發一些新奇獨創的觀念？自己做研究做實驗時，能不能設計一些別人想不到的研究設計或實驗工具？重新敘述別人的問題時，能不能用一些別人想不到的方式敘述？一篇文章，你是否能夠寫得「一枝

獨秀」？對於這些問題，如果你的答案是肯定的，而且也具備這樣的觀念或行爲，那就是具有獨創性了。

三、社會的技能：什麼叫做社會的技能？比如你是一個社團的主席、總幹事，你是否能幫助別人，安慰別人，減除或解決別人的困難？在學校裡，老師或學生有事情會不會找你幫忙？平常你和朋友、同學相處是不是很融洽？你會不會自動參加社區的活動？是不是參加過服務性的團體，像輔導小組、張老師等等？朋友之間有糾紛，你是否能善作調人，化干戈爲玉帛？這些都需要具備社會的技能。

四、領導和說服的技能：這是指一個人在與人討論、辯論時，是不是相當能說服別人；在領導一個團體時，是不是勝任愉快；在學校裡是不是曾經被選爲社團負責人。團體中有了共同的興趣或困難，能不能組織一個研究團體，做一個完整的研究計畫、執行計畫，完成擬定的目標。這些都需要具有領導和說服的技能。

五、做職員的一些技能：你是否有一些擔任職員的技能，打字怎樣？會不會速寫？寫報告的時候是不是書法整齊？整理文件、歸檔是不是有條不紊？有沒有機車執照或是駕駛執照？

六、獨立性的人格特質：你遇到困難、有了問題，是不是老去找人幫忙？還是在找人幫忙前自己先設法解決？在學校讀書的時候是不是自己打工賺學費？上課的時候是不是能主動的提出問題，尋求答案，而不需要別人太多的指導？這些都與你是否具備獨立的人格特質有關。

七、獻身的精神：獻身（commitment）是指你對所學或所參與的工作有興趣，而願意將精神、時間投入其中的程度。比如說：某所大學最近有全國社會工作學會在那兒開會三天，如果你是讀社會系而又住在附近，你沒有參加，那麼你對做爲一生事業的這行是不是眞的有興趣？對於本身所學或是本身所從事的工作不感興趣，便產生獻身的問題。

八、幽默感：幽默感對解除生活上的緊張，對增進人與人之間的情感都很有助益。有的人認爲中國人缺少幽默感，我覺得也許不是缺少，可能是沒有機會及環境發揮這方面的潛能。幽默倒不僅僅是笑話，必須能夠把兩個原來不相關的事件，找出一個同樣可以說明它的觀念或原則或聯想。每個人總有遇到尷尬的時候，有幽默感的人，便可能用自我解嘲的方式，「化困窘爲祥和」，而不致面紅耳赤或是目瞪口呆。所以，具有幽默感，對於人與人之間的關係有潤滑及催化的作用。無論處世或求學，尤其是與人接觸的職業，像導遊、推銷員、廣告文案等，幽默感是一個很重要的條件。即使是開一個研討會，主持一次會議，具有幽默感也可使會議進行順利，甚而提高績效。

就業的準備

談到就業的準備，許多人會告訴你，平時要多努力，以免臨時抱佛腳。在面試的時候，要儀表整潔、面露笑容，要找關係、問門路等等。我在這裡也提出幾點建議，也許只是錦上添

花，希望能對你有所助益。

在就業的選擇過程中，你要做充分的準備，使自己更能了解將來要做什麼，及怎麼做。下面談到的幾點都是你要爲自己做的充分準備。

一、了解自己：第一件事就是要了解自己。自己的優點是什麼，缺點是什麼。你可以做心理測驗，請專家解釋，不要亂讓別人算命。不是人家告訴你怎樣就是怎樣，別人的建議只是給你一個參考而已。還有一種方法是請別人給你回饋，讓他們做你的鏡子。周哈里窗戶（Johari Window）的方法就是利用別人給你的回饋，幫助你了解自己。你可以請十個朋友列出你的優點和缺點，以及適合你的工作等。你可以先從好朋友做起，看他們到底怎麼看你。如果你願意的話，再請那些你最不歡迎的人列出你的優缺點，可是你不要告訴他們——我最不喜歡你。

第二步，你自己也拿出一張紙來，列出自己的優點和缺點。將自己列出的與別人列出的一一比較便可能產生四種情況：(1)自己知道別人也知道的部分，這叫**公衆我**。(2)自己不知道而別人知道，猶如口臭，可稱之爲**背脊我**。(3)自己知道而別人不知道，這是**隱私我**。(4)自己不知道別人也不知道，這叫**潛在我**。由下頁的表中，可以更清楚的看出這四種情況。

二、周哈里窗戶：由周哈里窗戶，你也許發現自己有許多優點別人並不知道（隱私我），可能別人認爲是你的優點你自己反而不覺得（背脊我），而有些優點是你知人知的（公衆我）。這樣

	自己知道	自己不知道
別人知道	(1) 自由活動領域（公衆我）	(2) 盲目領域（背脊我）
別人不知道	(3) 逃避或隱藏領域（隱私我）	(4) 處女領域（潛在我）

你可進一步了解自己。同樣的，你的缺點也可能有類似的情形。用這個方法了解自己的能力及長處、短處，對於自己就業的選擇是很有幫助的。

三、找一個導師：做就業準備的第二件事，就是要找一位導師或師父或學長。有人也許會說：「去哪裡找」、「我找不到」。我覺得這往往是看自己是否主動、積極的尋求。有一句話「天涯何處無芳草」，對女生來講，可說「天涯何處無壯樹」。然而，對學生或是一個想就業、創業的人來說，「天涯何處無師父」。也許，在自己的學校裡、在自己的工作環境中你未能找到。可是天下之大，豈止是一所學校、一個工作單位。只有主動一點，機會才會來臨。三人行，必有吾師。可以從傳記或報導裡尋求一位楷模，雖然你未必見到這樣的一個人。

四、了解自己工作的性質：關於工作的性質，你可以從你的導師那兒蒐集資料，了解工作需要哪些特殊的技能，幾年後可能的發展情形等等。在學校裡，可以請畢業的校友回來開座談會，談談他們目前就業的情形，敘說他們的經驗及遭遇，這對在學的

同學很有幫助。其次，學校裡如果有實習工作的機會，應盡量把握，實際參與，可以使你對該工作的性質有具體的了解。

五、運用集體思考方式解決問題：有的時候，了解一個行業實際的狀況、可能的危機及困難，並不是短時間就能洞察的。尤其不是自己所學所做的行業，更是有隔行如隔山之感。而自己的公司或行業中有了困難，有時自己無法看出，別人也許旁觀者清。所以在謀職或在職所遇到的困難，可以用集體研究、集體思考的方式解決問題。個人的能力到底是有限的，運用集體思考的力量，三個臭皮匠，勝過一個諸葛亮。怎麼做呢？在學的同學，可找幾位有共同興趣的同學，分別對不了解的職業，或是謀事時可能產生的問題提出個人的看法，然後共同商討對策。不明瞭的地方，也可分別蒐集有關的資料，分頭訪問有關的人等等，再回頭來將個人蒐集的資料與大家分享。這樣比一個人獨坐沈思、單打獨鬥的效果要好很多。

畢業之後，也可以幾個人聯合起來合租一間公寓，客廳公用。然後規定每星期中，幾個晚上大家聚在一起，正式討論一些事情。各人就各人從事的職業中發現的問題、相關的消息向大家報告，或者要大家共同解決某個問題。利用集思廣益的方式處理問題。

「獨力難成，衆擎易舉」，幾個人成爲一小組，每個人分別研究一特定的問題，大家分開調查、研究。然後，集合起來共同討論，分享成果。這種方式對解決問題是很有效的。

六、一些有用的小技巧：也許有人會說：找工作要那些小小的技巧幹什麼？你求職時，要是具備一些「雕蟲小技」，往往會占很大的便宜。以中文、英文打字來說，雖然不必像專業打字員那樣，如果你會打而且速度還不錯，那麼，貿易公司、航空公司地勤人員招考時，你的優點就比別人多一項。

七、具備外語能力：另外一個技能，就是外語能力。許多公司找經理、業務經理或研究發展經理，總是有一個要求，就是語文能力——能夠寫商用英文或是講英文。爲什麼會這樣？因爲台灣的經濟發展愈來愈趨向多元化、多國化，外銷很多，與外國接觸、交往機會也就增多，其中最主要的能力之一便是外語能力。我們發展多國的企業已經是勢在必行的路，所以有外語能力，是一件很好的事情。

寫履歷表與面談

不論是升學或就業，一般的履歷表都太簡單。在美國有些書告訴你怎麼寫履歷表，這些書的確很有用。有些研究，就是有關各種履歷表給人的印象如何。

寫履歷表，最簡單的就是告訴別人你的姓名、地址、電話，人家可以很方便的聯絡你。再來就是你個人的資料：你的性別、年齡和出生地點等等。然後是你的教育背景，你哪一年在哪個學校畢業，拿什麼學位，專攻什麼、附修什麼。比如說，你專攻哲學，但是你要到貿易公司任職，你曾修過很多貿易課程，就可以把這些課程寫在上面，讓別人知道你修過這些課

程。又如你有接受過短期的訓練或實習的經驗，也可以把它列出來，讓人知道你有這些經驗，說不定別人正需要你這樣的人。以下的各項也不能遺漏：

一、寫出你的經歷：你的經驗可以以時間先後列出來。比如說：你有過家庭教師的經歷，也寫下來，而且要寫清楚。一九九一年，家教，教初三國文、英文。又如：你曾擔任心理輔導中心的實習輔導員，可將實際活動的內容具體寫出。一九九二年，實習輔導員，擔任優點轟炸法、周哈里窗戶、腦力激盪術等活動的催化員。

二、榮譽的經驗：如果你曾經得過什麼榮譽或獎學金的話，都一一列出來，這很重要。你的優點必須讓別人知道，這樣別人也才知道如何用你。

三、哪些人可以推薦你：哪些人可以推薦你，他知道你的能力，優點及缺點。你就把這些可推薦你的人名、住址、電話一一列出。這樣，別人需要的話可以與他們聯絡。

四、面試時要誠懇：不論升學或就業，面試時要注意一件事——誠實。誠懇地說自己。我說的誠實，並不是告訴人家；我家裡好窮，我媽媽怎樣，爸爸又怎樣。這是你的私事。

要怎樣坦誠的說自己呢?我講我自己的例子好了。我去美國唸書時，英文程度比你們現在差勁，到了美國聽不懂人家在講什麼。我的指導教授是一個非常好的人，有一天他問我以前在學校試教什麼。我是教育系畢業的，曾經試教過。可是我不會講，我用寫的。他說可以。

我就寫：「假如不笑我，我才告訴你。」

他覺得很奇怪：「為什麼我要笑你？」

我就寫下：「英文。」

他就哈哈大笑。因為我不會講英文，還教英文，他當然覺得好笑。他笑了以後又覺得不能笑我，顯露同情與尷尬的表情。

我是說，我常傻乎乎地直說。你就業的時候，可以把自己的優點誠實地告訴別人。比如你履歷上寫會彈吉他。別人問你，你就都說沒有啦，那只是好玩。這樣你就自相矛盾了。你可以誠實地告訴別人，你學了多少年，曾經在學校裡表演過，或者只是自己娛樂而已。

縱使你繼續升學，也總得「三十而立」，一生至少也得工作三十年。如何尋找一項自己可以獻身的工作，發揮自己的潛能，實現自己的生活理想，確實是青年人的第三個大夢。我仍然堅持「條條道路通成功」，我相信，事在人為。

心得筆記

可以記下你讀了這篇文章後的感想，自我的省視、展望及其他。

4

從多元智慧的角度選擇職業

要找到你的職業，必須先找出自己的定位，從多元智慧的角度來看，現在的年輕人必須自問：「我擅長哪些智慧？」

直到現在，一般學校裡的資優教育，還是以ＩＱ爲主。

在六項資優才能中，創造才能是最特殊的，當然也有別於ＩＱ的才能，但是我們並沒有任何的計畫或班別是以學生的創造才能設置或做爲分班基礎的。當初美國政府提出六種特殊才能時，用意非常單純，就是希望大家認識到「才能有很多種」，再者就是在我們強調ＩＱ的時候，常常會忽略有創造才能的人，所以特別列舉出來。

人生要成功，絕對不可能只需要一種智慧，比如說大提琴家馬友友，他的表現當中音樂才能絕對非常高，但是自我反省的才能也很高，他曾經說過，有一天從外面演奏後回家，躺在媽媽懷抱裡睡著的小孩睜開眼看到他，居然說：「這個人是誰？」馬友友當時就思索，自己是否還是要做個一年到頭都在外奔波的音樂家，他在反省做爲音樂家與父親的角色比重。此外，馬

友友的領導能力很好，人際能力很強，所以可與不同藝術方面才能的人合作，他的表達能力、肢體語言也很高。馬友友是一個用很多才能組合成功的人。

科學家何大一又是一例，他有創意，有很強的數理邏輯能力，而且運用得非常好；同時他的靈感是奠基於病人的立場，也懂得傾聽同事的話語，情感表達、溝通協調技巧的語文能力又優秀，也是融合多元智慧表現的成功人士。

我要強調的是，成功當然人人想要，但多元智慧最好是自己和自己比較，了解自己最擅長的智慧、次擅長或不擅長的部分，然後自我反省，以擅長的智慧做基礎。人生是一個探索、自我發現的歷程，讓自己在發展中真的得到樂趣，才是人生一大樂事。

以擅長的智慧選擇職業

從多元智慧的角度來看，真的是「天生我才必有用」。過去的台灣社會，重視的是語文智慧，是數理邏輯的智慧，沒有所謂的「文化創意產業」，所以像馬友友、高行健、馬歇・馬叟（Marcel Marceau）這些人，如果在台灣成長，可能都不會有現在這般成就。

語文智慧方面在台灣雖然有創意，但沒有產業，真正能靠出版寫作過生活的人並不多；台灣在空間智慧方面也還不錯，只是所賺的錢多半不是來自於設計，而在於營造部分，這顯示我國過去對創意的不尊重與不理解；在肢體—動覺智慧方面，像電影《舞動人生》（*Billy Elliot*）

中的礦工父親，一看到孩子的天份，也知道如果能進入國家舞團是件很好的事情，所以願意支持孩子去學習去考試，並且引以爲榮；但是在台灣就比較難具說服力，這是文化背景造成的。雲門舞集的成功其實是非常特殊的例子，因爲我們的文化中不鼓勵肢體、音樂、繪畫等智慧。

現在的年輕人可說是生逢其時，天時地利都有，就更需要人和。現在整個世界都在推展文化創意產業，我們也可以從多元智慧天生我才必有用的角度思量，現在我們不該問「我擅長的智慧是不是適合社會發展？」而是要問「我究竟擅長什麼樣的智慧？」「我要怎樣把擅長的智慧好好發展？」

現在社會的另外一個趨勢就是團隊合作。楊智遠在讀史丹佛大學的時候，和一位電機系的助教默契很好，他擅長人際智慧與領導特質，那位助教卻是內省智慧很好的人，後來也都對網路連結的事情都有興趣，兩人的分工合作成就了雅虎（Yahoo!）這個大事業。

要找到你的職業，必須先找出自己的定位，從多元智慧的角度來看，現在的年輕人必須自問：「我擅長哪些智慧？」然後找出發展自己智慧的方向，並且補充自己不足的基本智慧如語文、電腦等，同時要找到可以合作、配合非常好的夥伴，組成團隊，建構社群，就能有所發揮，成就事業。

了解自己擅長的智慧之後，也許你可以考慮哪一種職業適合你擅長的智慧。當然每個事業的成功，都需要幾種智慧的組合，建築師擅長空間智慧，鋼琴家擅長音樂智慧，科學家當然擅

長邏輯—數學智慧，這些人在事業上的成功，卻都必須具備基本的語文表達和溝通的能力，在說服別人時，或接受訪問時，不僅需要良好的語文溝通能力，肢體—動覺的表達溝通也是不可忽略的，建築師當然需要和客戶溝通良好。發現愛滋病鷄尾酒療法的何大一博士在接受蔡康永的電視訪問時，他的語文和肢體語言的表達，證明他的語文智慧運用得體，對他的事業之成功絕對有幫助。如果能夠發揮自己擅長的智慧，又能掌握語文的運用，個人的事業成功和生活快樂的機會，應該會相對的增加。

□語文智慧

一個人如果擅長語文智慧，他通常較喜歡閱讀書籍，喜歡文字遊戲、推敲文字和口語，擅長運用語文表達和溝通，喜歡口頭溝通或寫作表達。同樣道理，他對詩詞的研究和運用，語文幽默的欣賞和反應，會話、辯論的溝通方式，都會樂此不疲甚至有所表現。

語文智慧擅長者以詩人爲代表，他們用最精簡的文字，就可以表達抽象的概念或生活的事物，另外像散文家、節目主持人、撰稿人、廣告文案、編輯、記者、評論者、文學研究者、演說家、文膽、語文老師、公關、銷售、宣傳、企劃、律師、法官、國會助理、圖書館員、語言學家、語言治療師、戲劇創作者等，都是可從事的職業。

這些職業除了需要優秀的語文智慧外，良好的人際關係智慧也是必須的輔助才能，可以想像如果有不錯的語文智慧，可從事的職業也非常多元。

□邏輯—數學智慧

擅長邏輯—數學智慧的人在學校的各種科目中，特別喜歡數理學科、喜歡推理的遊戲、喜歡邏輯思考的活動、經常動手實驗、會特別注意科學新知，常常指出生活中互相矛盾或不合邏輯的部分，他常常採用計算、分析、歸納等等方式解決問題或發現共同的因素或形態。

只要與數字、邏輯、分析、批判、推理等相關的，都在邏輯—數學智慧的工作範圍，如數學家、數學教師、會計、精算人員、稽核、法律人員、投資理財師、股票分析師、企業經營、財務管理、統計人員、高科技人員、電腦資訊人員、經濟學者等。

有一段時間，中國大陸北京的高科技跨國公司，開始晉用大學數學系的學生，因爲企業界普遍認爲，數理邏輯基礎好的人，進入高科技行業的門檻較低。台灣的光電業、高科技業發展情況，也顯示擅長邏輯—數學智慧的人，有相當寬廣的工作類別可選擇。

□空間智慧

擅長空間智慧的人只要閉上眼睛，他所要思考的東西都可以歷歷如繪，他對色彩、造型、拼圖、空間關係反應靈敏，他喜歡繪畫，建構空間、喜歡建築、視覺設計、美術雕塑、漫畫、

卡通、動畫、攝影等等，他除了喜歡運用肉眼觀察外在環境，也常運用心眼觀察自己內在的意象。在學習的過程中，他會運用影像化或意象化的方式，使抽象變成具體。可從事的工作就分爲工程類、設計類、工作中需要空間感好的。

需要空間感的判斷、方向感優秀的工作像是飛行員、陸海空駕駛員、塔台人員、地理測量人員、登山嚮導人員、領航員、勘輿風水師等。工程、設計方面則有畫家、美術老師、美術工作者、室內設計師、服裝設計、珠寶設計、各類設計人員、雕塑家、工程師、機械設計、電腦繪圖、美術編輯、藝術指導、動畫師、漫畫家、遊戲設計者等。以二〇〇二年的統計來說，美國加州藝術學院（California Institute Of The Arts），有兩百多個台灣留學生，人數相當多，原因很簡單，很多年輕人都喜歡卡通、動畫、多媒體等，那所學校剛好位居好萊塢附近，與迪士尼（Disney）等動畫公司都有合作關係，所以很多學生一傳十、十傳百，趨之若鶩。也因此，好萊塢電影工業的幕後設計人員，有許多都是台灣人，只是我們不知道而已，因爲這些人在台灣，他們的創造才能很高卻被忽視，沒辦法發揮。如果把這些人都找回來，那麼台灣的文化創意產業就很有希望。

其實，連服裝設計師、美容師、造型師等，都應該是以空間智慧專長輔佐肢體—動覺的人才。台灣大部分的美容院沒有把美容師當空間設計者培訓，其實美容師要幫顧客設計的時候，應該要了解顧客的整體造型、身體比例、頭型、年齡、希望營造的形象等，進行溝通之後，才執行出最合適的設計，而不是千篇一律地按本操課，把顧客都當成一種樣子處理。

另外像都市規劃員、城鄉研究員、攝影師、藝術治療師、園藝治療師等，及物理學家、太空學家、天文學家等，他們的視覺意象都要很好，也需要優秀的空間智慧與美感。你想想看，台灣的公共空間、學校、餐廳、社區、住家等，不就正是需要這些設計者、工程師、建築師、空間規劃師、空間藝術家！

一個貝聿銘就創造了多少地方特色與願景；李安導演這樣的電影工作者也創造多少空間意象，令人流連；像日本動畫大師宮崎駿的作品、蔡志忠的漫畫、幾米的繪本等，都是空間智慧結合其他智慧後的優異展現；韓國甚至就以電玩遊戲設計爲國家的創意產業，英美的大學也出現類似的科系。

爲什麼有些餐廳你願意多花些錢去？爲什麼捷運、車站要蓋建許久，就是因爲都需要工程、需要設計，也就是說，在文化創意產業中，擅長空間智慧的人是愈來愈被需要了。

□肢體—動覺智慧

擅長肢體—動覺智慧的人，通常喜歡也擅長運用身體的某一部位或全部的協調，從事實際操作的工作，在手工方面，如木工、模型製作、造型、雕刻、縫紉、編織等等，在體能活動方面，喜歡某一種運動或戶外休閒，在表達溝通方面表情十足，肢體語言豐富，在藝術方面則喜

歡手舞足蹈，比較喜歡從做中學、動中學、體驗中學。擅長肢體—動覺智慧的有效學習方式是透過角色扮演、默劇、劇場遊戲或舞蹈體能來表達欣賞和創作。

這類智慧通常是要以自己身體做爲溝通、表達和創造的工具，可分爲幾方面來看：一方面直接與藝術表演有關，含括舞蹈、默劇表演、戲劇演出、馬戲團工作者等；另一方面的肢體—動覺智慧展現在溝通表達上會加分，如演說家、領袖、領導者等，如果善用肢體語言，就可以有更大的成效與成功。第三個則是從操弄「手」來完成作品的，如技工、農夫、木匠、廚師、操作員等；四是與運動健康有關的，體育老師、各類運動員、教練、體適能指導、瑜伽老師、氣功老師、健康管理師等，可以創業也可以進入企業體系；還有就是我們中國特有的武術、太極拳、氣功等。

我覺得非常可惜的是，到現在我們都還沒有很認眞地把武術、氣功、太極等，轉爲影視發展的主要素材，變成台灣文化創意產業的特色，例如把李安的武俠片《臥虎藏龍》路線、成龍的功夫動作片、徐克的《蜀山劍俠》奇情俠義、吳宇森的英雄動作路線等，做特色規劃編纂、推動。我聽說好萊塢一家電影公司，打算籌拍一部「白雪公主與七個少林小和尚」的片子，實在是太有創意了，這絕對可以打動全世界的人心，如果能充分利用少林小和尚的肢體—動覺智慧，不純粹拘泥在技術表現上，絕對可以產生很多剛柔並濟的藝術意象。爲什麼台灣不能產生這樣的創意？這絕對是我們應該發展的。

這同時表示，肢體—動覺智慧應該更徹底落實到我們的教育體系中，如果說將來有個小孩喜歡看武俠片，長大希望做個武學專家，我們就應該把武術當做一個專長，鼓勵他學習；如果他眞的發揮得很開心又有進步，他同時學會紀律，也可以把語文的東西轉換成武功學習，或許更有成效。

我記得我小時候學英文，背單字很無聊，背到fly我就假裝飛起來，背到jump我就跳起來，我就是用肢體語言來學習語文。所以我們爲什麼不能讓擅長肢體—動覺智慧的人運用身體學習其他智慧？

西方的奧林匹克運動項目適合高頭大馬的外國人，不適合東方人，但是武術、武功等需要靈巧的身體技能，肯定能成爲我們的文化創意產業的特色。哈佛大學的心理學教授傑瑞・列瑟（Jerry Lesser）曾做過一個研究：比較華裔、猶太裔、白人及黑人在視覺空間方面的知能高下，發現華裔確實比較優秀，所以我們應該好好發揮。

很多人喜歡金庸小說，裡面就有許多人屬於肢體—動覺智慧非常好的，像郭靖就只擅長肢體—動覺智慧，因爲他語文、邏輯—數學、人際等智慧都不好，如果他沒有學武功，如果他又生在台灣長在台灣的話，實在就一無是處；黃蓉的語文能力強，肢體—動覺能力也強，從後來的發展她淸楚自己自私、任性等，也顯示有內省能力，推理邏輯能力也夠好，實在是很厲害，所以她就要選一個可以教、可以管的郭靖，互補組合。

另外，像張無忌其實有很強的內省智慧，所以他寧可把明教教主的地位讓給朱元璋，而追尋自己想要的生活；面對愛情，張無忌一開始雖然優柔，但後來面對周芷若的質問時，他也能分辨出怎樣是刻骨銘心的愛。我也記得曾經有位金庸迷說：「周芷若適合從政！」這是很有道理的，因爲周芷若從小就滿會講識大體的話，懂得察言觀色，語言能力又好，只是她在成長過程中，自我反省的機會不多，沈陷於權力慾望之中。又如韋小寶，他的肢體—動覺智慧不高，功夫不怎樣，但是語文智慧卻相當不錯，尤其厲害的是他的自省和人際智慧，所以他從不拘泥身分地位，也能不局限在滿人漢人的意識，認可康熙的良政，因爲重情義、懂得識人，所以知己很多，用人無往不利。

我認爲肢體—動覺智慧眞是太重要了，所以還要以一個例子再強調：

雲門舞集的林懷民以他創作現代舞的經驗，在《水月》中結合襲自瑪莎‧葛蘭姆（Martha Graham, 1894-1991）的舞蹈語言、其他民族舞蹈的語言、京劇的動作語言，以及與現代舞語言完全不同的太極導引（這原本是幫助雲門舞者可以跳得好又不受傷的功法，沒想到變成創作的最大靈感），成就了一齣舞蹈史上不容抹滅的經典。

□音樂智慧

擅長音樂智慧的人，顧名思義，對音色、節奏、韻律的反應靈敏，喜歡聆聽自己喜歡的音樂作品，甚至學會某種樂器或聲樂而樂此不疲。音樂雖然有許多的類型，對擅長音樂智慧的人來說，聲音的觀察、記憶、運用、甚至創作，似乎有其與生俱來的潛能，如雨滴打在屋簷上的聲音，風鈴或鳥叫的聲音，對這些人來說都特別具有意義。

用聲音表達創作的聲樂家、歌手；對節奏韻律敏感，又能運用各種樂器的肢體—動覺的演奏家、樂手；製作樂器的工匠、調音師、樂器商、唱片商；音樂製作人、節目製作人、編曲家、音樂工程師等；歌舞劇的幕前幕後工作人員、指揮、音樂治療師、廣播DJ等。總之，舉凡創造聲音或演奏音樂、運用音樂、與音樂相關的事務，都是擅長音樂智慧的人可以從事的工作。

擅長音樂智慧的人，懂得節奏，對韻律很敏銳。對於模特兒、演說者、戲劇表演者來說，音樂智慧也是很重要的，雖然這些人不會是專業的音樂工作者，但是加強音樂智慧的訓練，卻會讓他們表現更傑出。

□人際智慧

擅長人際智慧的人在團體中很容易成爲領袖，他是那種有人發生挫折或衝突時，就會來找他排憂解悶或協調沖和的人，他若遭遇困難也會向好友坦露求助。這種人是個「三人行必有我師」的實踐者，他能夠體諒別人，有能力設身處地，發揮同理心。所以擅長人際智慧的人非常

適合人際溝通，團隊合作，即使不是領導人，他在團體中也能發揮人際潤滑的效果。

從事與人相關的行業，人際智慧的高下自然顯得重要。舉凡行政、管理工作都需要人際智慧，如政治家、領袖人物、企業家、人事主管、人力資源管理者等。還有倚賴人際互動服務人群的工作如牧師、神父、修女、法師、和尚等傳道者，服務業、小吃店等，或社會工作者、諮商員、心理師、精神醫師、諮詢顧問等學者專家，也都需要良好的人際智慧。

另外，像行銷、公關、仲介業、旅遊業、仲裁、談判、外交、個人工作室等非常需要人際關係智慧的工作，通常需要學習懂得拿捏分寸，知道在不同場合對不同的人溝通方式就不同，才能達成工作目標。

□內省智慧

擅長人際智慧的人必須懂得自我反省。懂得自我反省又能夠關懷生命的意義，接納自己的缺點，又能夠發揮自已的優點、與自己相處自在愉快、能夠獨立自主、懂得沈思體悟人生，這樣的人就是擅長內省智慧的人。這種人會隨著人生及其不同的發展階段，以及環境的變遷而適時適度思考自我的人生定位以及活著的意義，他有先見之明，當然也不會人云亦云，被牽著鼻子走。

一般來說，哲學家、心理學家、諮商師、企業家、專案企劃者、宗教家等，多半都需要有較高的內省智慧。充沛的內省智慧也會讓小說家、文學創作者、藝術工作者等，創造出更具內涵與人性光輝的作品。

□自然觀察智慧

擅長自然觀察智慧的人，顧名思義，便是喜歡自然界的博物，愛好大自然，關懷生態，對生物充滿好奇，雖然有人比較喜歡動物，有人比較喜歡植物；有人比較喜歡礦物，有人喜歡考古，但都是自然觀察者。由於他們的「智向」，他們特別欣賞和理解動物、植物或礦物的世界。他們知識的產生是和大自然相運相知的結果。他們很擅長辨認物種的成員，既然擅長自然觀察，他們也當然會喜歡到自然界實地觀察，他們喜歡動手做實驗，就像達爾文一樣。

所以，舉凡動物學家、植物學家、礦物學家、園藝家、海洋學家、登山家、自然探險者、生物科技業、生藥研究人員、農業學家、農業工作者等，有機產業、花草行業、休閒養生產業、環保保育業等，都屬於自然觀察智慧擅長者可從事的行業。

增進智慧的潛能開發

了解自己擅長和不擅長的智慧之後，要如何增進智慧的潛能開發呢？以增進邏輯—數理智慧爲例，我們可以和朋友或家人玩一些邏輯思考的遊戲，或組織一個讀書會或研討會，讓大家

分享討論最近的科學發現以及這些發現對日常生活的影響。再以增進內省智慧爲例，我們可以閱讀一些個性堅強的偉人傳記，或每天至少做一件讓自己愉悅的事。

那麼如何加強自己最弱的智慧呢？首先我們必須找出自己學習困難在哪裡，也就是了解自己最弱的智慧在哪裡，然後對症下藥加強之。每個人都有夢，導演李安一再地說：拍《臥虎藏龍》武俠片的原因之一，就是在實現他童年的夢想。我們可以從童年中找尋各種智慧的線索，我們也可能因環境機會等等的因素，而忽略了某一種可能發展到極致的智慧，甚至不幸早夭的智慧，我們也可以勇敢地喚醒遲開的智慧之花。

心得筆記

可以記下你讀了這篇文章後的感想，自我的省視、展望及其他。

5 新工作，新態度

因應職場新需求所衍生的潮流，大學、研究所等也要開設新學程、新科目，有些企業還會發展出特有的工作職位，如迪士尼就有「想像工程師」。

青年在尋求終身職業或事業——也就是工作——的同時，生活也一樣進行著。生活含括家庭、健康等等因素，有趣的是，以往學者專家在進行工作相關的研究時，總是把家庭和工作分開。這幾年思潮改變了，美國史隆基金會（Sloan Foundation），從一九九四年開始，與麻省理工（MIT）、芝加哥（University of Chicago）、柏克萊（University of California at Berkeley）等七所大學合作，進行有關「工作與家庭的關係」研究，要探討的就是：工作與家庭的關係如何影響個人或家庭成員的健康、幸福與快樂。

工作與家庭的關係

在工作期間，人們本來就要面對很多與家庭關係上的衝突，如「我要不要結婚？」「要不要生小孩？」「要不要隨同家人的工作赴任？」等，再加上網路發達讓許多人的工作可以在家進行，成爲道地的SOHO族，換言之，公司與家庭的距離拉近，家庭事件影響工作狀況的比例也會增高。所以，未來企業有必要把員工的家庭生活列入組織服務或生涯規劃的範圍。

因應這樣的潮流，會產生許多「新工作」，我預測，未來企業組織中，會開始雇用一種新人才，就是「工作與家庭生活規劃師」。北京有家跨國企業找我去辦個工作坊，目標是「教導主管階層如何扮演好員工、屬下的生涯諮商師角色」。由於雇用許多台灣、香港、美國等地的人才，公司高層觀察到「包二奶」現象，深刻覺得應該未雨綢繆，因爲這些人才確實要考慮配偶、家人是否要一起到北京、上海、成都等地的問題；還有這家公司晉用員工時，也會考量他們是否了解自己工作技能知識的發展、升遷與職務轉換的各種關係等。因此，主管階層已經不再只是管理功能，更要具備成爲員工的生涯諮商師或工作與家庭生活規劃師的特質或智能。

從另外的角度看，人力資源、人力銀行也會成爲未來很重要的企業趨勢。

因應職場新需求所衍生的潮流，大學、研究所等也要開設新學程、新科目，例如跨國企業人才訓練、生物科技、科技管理、科技與法律研究、娛樂事業管理等。更甚者，有些企業會發展出特有的工作職位，如迪士尼就有「想像工程師」，這類工作者不僅有豐富的想像力，更要有執行想像力的技能，才可勝任。

在各個產業中，文化創意產業正是最符合未來多元智慧架構的職場新潮流的產業之一，我

們不妨多花點時間了解一下。

文化創意產業是職場潮流

法國從拿破崙（Bonaparte Napoleo, 1769-1821）開始知道怎樣收藏名畫，知道怎樣把建築當作藝術品，所以法國可以長久保持在世界文化上的領導地位。他們利用舊的空間如火車站轉換成奧塞美術館（Musee d'Orsay）等，變成他們的文化資產，吸引觀光客前來，並購買其他附加產品，增加國家許多項收入，不過是其中的一例。

藝術家的創意，再加上懂得欣賞創意的人們，再經由企劃行銷的方式，將這些創意產品轉化成博物館、美術館裡的文化觀光財，這就是一個文化創意產業化的過程。歐洲國家因爲有優良文化創意的傳統，所以在文化創意產業方面也是很自然地進行著。在丹麥，一百多年前的安徒生（Hans Christian Andersen, 1805-75）最想做的就是戲劇，只是成就並不大，反而是童話方面的成就顯著。他的童話創作素材來自童年生活點滴，曾有句名言說：「安徒生寫的童話其實是要影響後代的。」在我的角度來看，安徒生就是一個有文化創意產業思考的人。

霍金斯（John Howkins）從產品來界定創意，他認爲創意產品的效標是來自創造力表現的產物（goods）或服務，而且具有經濟價值，通常透過以下主要的智慧財產而產生經濟價值的產品：專利（patents）、版權（copyrights）、設計（designs）、商標（trademarks），他也把能夠導致專利的研發包括在創意產業裡。創意產業包括十五項：

・廣告（Advertising）
・建築（Architecture）
・藝術（Art）
・手工藝（Crafts）
・設計（Design）
・服飾（Fashion）
・電影（Film）
・音樂（Music）
・表演藝術（Performing Art）（戲劇、歌劇、舞蹈）
・出版（Publishing）
・研究發展（Research & Development）
・軟體（Software）
・玩具和遊戲（Toy and Games）（不包括電玩遊戲）
・電視與廣播（TV and Radio）

・電玩遊戲（video games）

在這十五種產業中，創造力是最重要的原始資源，而且是最有價值的經濟產品。以一九九九年為例，全球的創意產值約為二二・四兆美元，每一年大約成長五%，占全球經濟的七・三%，美國的市場最大，大約九・六兆美元。

一九九七年在美國國內，這些產業的產值是三・四八兆美元，占GNP的三・六五%，而同一年出口的產值是〇・六六兆美元，合計四・一四兆美元。在一九七七至一九九七的二十年之間，其他產業平均每年成長二・七%，這些產業則每年成長六・三%。大致說來，他們對美國經濟的貢獻，幾乎與以下的幾種產業不相上下：(1)化學產品；(2)飛機與飛機零件；(3)汽車與汽車零件；(4)電器用品；(5)工業機械；(6)衣服。

另外，超過三八〇萬的美國人是在以上的核心產業中工作，占所有工作人力的二・九%。而在一九九八年根據美國勞工局的統計，大約二萬美國人認為自己是藝術家。與七〇年相比，作家增加了三〇%，音樂家增加了五〇%，觀賞表演藝術消費在九〇年代平均每年增加八%。

專利的數目之成長也類似，在一九九九年美國的專利局共准許五三、四九三件的發明專利，一四、七三二件的設計專利，以及四二一項的植物栽培專利，總共批准（包括批准四四八個延續專利的申請）一六九、〇九四個專利申請案，同時也批准一〇四、〇〇〇項的商標註冊。

根據世界銀行以GNP計算，經濟大國依序爲：美國、日本、德國、法國、英國、義大利、中國、巴西。然而，以創意經濟的等級來看則不同：

・日本研發經費很高，相對的報紙、漫畫和電子娛樂的生產量也很大。以漫畫爲例，光是Manga Comics在一九九九年的銷售量就超過四五〇億美元（約合五兆日元）。

・德國在研發和大衆媒體上的花費很高，然而德、日和法國、義大利一樣，在其他方面的產品產量比較低，出口量也比較低，都比美國和英國低。

・中國和巴西則在馬斯洛（Abraham Maslow）的需求階層中偏低，他們大部分的GNP都花在食物和製造貨物上。

・英國的創意經濟產值高達九八〇億英鎊，主要是因爲十五項的產值都相對的高，從藝術到電玩遊戲，以其獨創力與品質出名。當然英國也因爲占了英語系國家的方便，有利其出口，尤其是出口到美國，一九九七年英國在美國之後，在德國和法國之前，成爲服務業的大宗出口，大部分而且成長最快的服務都是以創意產品爲主。

・美國在專利與版權上持續成長，英國則在版權產品方面的成長特別快速。英國在過去的十年裡，創意方面的工作增加了三二％，增加的速度是其他產業的七倍，七十五萬的英國人形容他們自己是在創意產業中工作。九一年之後，該國每一年的創意產業工作者成

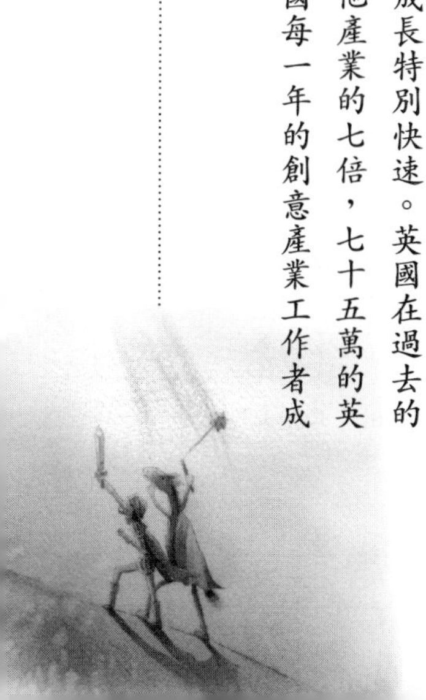

長三%，比人口增加率高，藝術家增加六〇%，音樂家增加五五%，演員和其他工作者增加四〇%，數位媒體方面增加四〇〇%。英國比以前花更多的錢在版權工作方面，其每年的消費爲：(1)書本，超過三十億英鎊；(2)音樂CD和錄音帶十八億英鎊（不包括作曲演奏和發行）；(3)劇場四億英鎊；(4)音樂會五億英鎊；(5)電影六億英鎊。

異質孕育創意

從創造力教育和創意產業的角度來看，能夠跨領域、跨系所、跨校際、跨年齡、跨性別、跨國際、跨經驗、跨行跨業……，都是今日創造力教育和創意產業發展必經之路，心理學家喜歡從「異質孕育創意」的角度說明這些現象。

能夠提供願景，能夠說服參與的人，能夠整合資源，能夠促進異質孕育創意的表現，讓本來看似無關的觀念或理論、或領域、或人才、或單位、或組織、或行業突破本位主義而脫胎換骨，那就是轉型領導（transformational leadership），轉型領導人就是創意的守門人（gate keeper）。你我都可以成爲創意人，也都可以是創意團隊的成員，我們在實際的工作中，都扮演著創造力教育和創意產業管理教育的守門人。

也許，我們應該把門打開，讓創意進來。

心得筆記

可以記下你讀了這篇文章後的感想，自我的省視、展望及其他。

Four Great Dreams of Youth

6 讓自己成為T型或A型人物

具有A型技巧的人比T型的人更少。所謂A型人物，就是同時擁有兩種專業知識，而且這兩種專業知識可以交集融合。

每年的暑假是高中職畢業生選擇校院科系的時機，也是準備出國留學的學子選擇留學國家、學校或科系的時機，當然也是職場上的人選擇組織和工作性質或轉業轉行的時機。

每一個暑假，我都會面對一些年輕人或他們的父母提出「選擇什麼」的問題，我通常會以問題來回答他們提出的問題之方式進行對話。在《青年的四個大夢》一九八〇年出版時，我通常都會提出下列兩個問題：

1. 你擅長什麼？你的學業和職業興趣是什麼（第三個大夢）？當一個人以自己感興趣或擅長的領域或行業為基礎選擇科系或工作時，一定可以反映他個人的價值觀（第一個大夢）。
2. 哪一個人的工作是你嚮往的？或哪一個人可以協助你完成夢想（第二個大夢）？

進入二十一世紀之後，這些問題仍然不變，可是我一定會增加一些其他的問題，其中最根本的問題是：「你相信你可以擁有跨領域的知識和技巧嗎？」也就是「你相信魚與熊掌可以得兼嗎？」如果你同時擅長兩種領域知識，或你擅長某種知識而對另一領域的知識也感到興趣，或因爲某一個因素而學習另一個領域的知識，例如本來學資訊工程的人卻對藝術感到興趣，你是否願意從學習或工作中整合這些領域知識和技巧？當然我也會讓他們參考豪爾・迦納的多元智慧架構。

跨領域的知識和技巧

高科技的發展，促進了許多如資訊、電子、光電等新興產業的崛起，傳統的產業也可以因此知識化，更令人驚訝的是，教育也因此可以產業化，如美國在九一一之前，每年從外國學生方面的收入高達一三〇億美元；此外文化創意產業與生物科技產業變成二十一世紀的新寵，跨領域的人才更成爲雄心勃勃的企業追逐的人才。

爲因應這樣的需求，大學裡開始成立新興的系所和學程，例如科技管理、生物科技、生命科學、文化與創意產業、智慧財產、非營利組織管理、玩具與遊戲等等。如果你在網路上打 interdisplinary studies 或 cross-disciplines 再加上 university 或其他與學習有關的關鍵字詞，你會發現許多大學從大學部開始到博士後研究，都成立了跨領域學習或研究單位。

跨領域的理念及其行動也已經在台灣展開了。

馬來西亞的大學生和台灣的大學生非常不一樣，一九九五年他們就讀人文社會和科學的比例是七九：二一，爲了因應知識經濟時代的來臨，馬來西亞教育部希望在二〇〇八年時，就讀藝術與科學可以達到四：六的比例，因著政府的主張，馬國的大學也開始推動跨領域的計劃。

跨領域的學習在歐美國家是相當普及的，愛因斯坦擅長音樂當然不是稀有的例子。

二〇〇三年美國的心理學會大會上出現一位已有十八本暢銷小說的臨床心理學家，他應邀來分享他跨領域知識的經驗與成就，他就是強納森・凱樂門（Jonathan Kellerman）博士，在成爲暢銷小說家之前，他已經在兒童醫院和私人診所中擔任十四年的臨床心理學家，他說：「心理學與寫作是兩個非常好的工作，它們非常不同，卻又非常相似，如果沒有擔任心理學家的工作，我可能不會成爲小說家……心理學是了解人類本性極佳的教育，但因爲需要保密，我從來不寫我的病人，這樣反而讓我成爲更好的作家，強迫我去發明創作，因而讓我擁有真誠原創的感覺。」

I型人、T型人、A型人

哈佛大學管理學院的教授桃樂絲・李奧納德—巴登（Dorothy Leonard-Barton）在其《知識創新之泉》（*Wellsprings of Knowledge*，中譯本遠流出版）一書中提到，在研究那些能夠建構並永續經營「知識創新之泉」的組織後，她引述研究發現，認爲一個組織如果擁有**T型技巧**的員工，只需要普通技巧員工不到三分之一的人數，就可以比那些沒有T型技巧的員工之組織或任務團隊表現出更好的績效，而且完成專案的平均速度也要比競爭者快上二・六年左右，所以許多公司都在尋求擁有T型技巧的員工。T型的人物並不是公司刻意培養出來的，而是個人在過去的正式和非正式就學過程和工作的經驗累積中「結合深刻的學理和實務經驗，由於他們可用兩種或兩種以上的專業語言，同時又能以不同觀點看事情，因此成爲整合各類知識的寶貴人才」。在知識經濟和創意產業的時代，許多問題都需要橫跨不同專業知識或需要理論和實務的綜合運用才能獲得解決，T型人物就自然而然地變成物以稀爲貴的人才了。

《H^3創意人》（*New Ideas About New Ideas*，中譯本遠流出版）的作者席拉・懷特（Shira P. White）從小喜歡藝術，她跟著興趣走進藝術學院就讀，然後發現「沒幾個藝術家能夠靠創作餬口」。大學畢業後轉向攻讀MBA，之後展開藝術與商業結合的成功之旅，透過顧問工作協助別人和公司成功的發揮創意，當然也替自己建構了成功的人際網路。

她經由深度訪談一百多位藝術家、科學家、企業家與教育家，這些當代具有創新思考的思想家和領導人，他們之所以能夠不斷的創新，或者讓他們的組織化危機爲轉機來創新轉型，當然都具有共同的特色，懷特女士就是透過不同的個案來解讀這些特色。

這些人她稱爲「H^3創意人」，這些「H^3創意人」或者擁有T型技巧，或者擁有**A型技巧**。

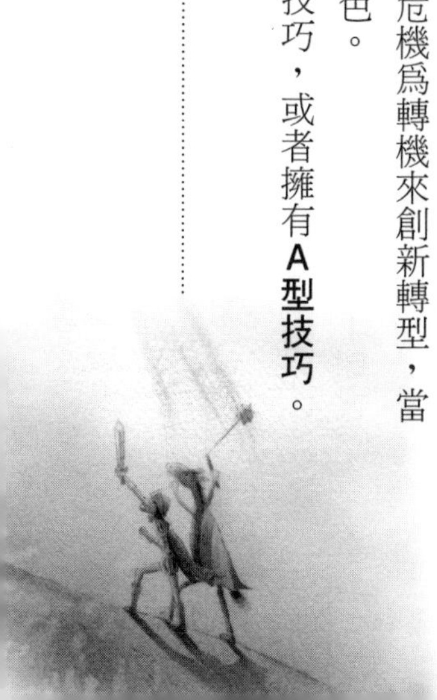

什麼是A型技巧？具有A型技巧的人比T型的人更少，顧名思義，所謂「T」是在垂直的「I」上加了一個平行的「I」，垂直的I代表對某一門學問或學門專精深化的程度，橫線的I則代表該項專精知識理論之應用，或對於與專精知識互動的另外學科擁有足夠但未必專精的知識。所謂A型人物，就是同時擁有兩種專業知識，而且這兩種專業知識可以交集融合，微軟公司（Microsoft）經常在尋找這類同時擁有兩種專業知識的經驗者，例如同時擁有音樂或藝術之知識與電腦知識的人。

大家都知道的〈教我如何不想她〉這首曲子，是曾經擔任加州柏克萊大學語言學教授的趙元任博士寫的，但他原來得的是主修數學的哲學博士。固然他當初名列前茅，才智是過人的，但他的成就應是三種專業知識交集融合的結果。在他的腦裡似乎有一整套超越三個領域知識的符號系統，貫通音樂、數學和語言。從迦納的多元智慧架構來說，他精通三種智慧且能交集溝通，超越融合。

選讀科系的錯誤三前提

當年輕人或他們的父母問我選讀學校、科系或行業時，大多數都有三個前提：

・第一個前提：人一生必須或可能只要擁有從一而終的單一專業知識。

・第二個前提：未來的人生很少有機會轉換跑道，或很少有機會可以魚與熊掌得兼、軟硬兼施、左擁右抱的發展。

・第三個前提：當下社會最受歡迎的是什麼，青少年的選擇也應該根據現況或趨勢選擇科系或工作。

第一個前提正好說明了過去我們社會特別重視所謂的I型技巧的培養之思考與行動模式。

第二個前提是忘記了終身學習的必要性，這幾年留學風潮有增無減，台灣、新加坡、大陸許多大學也廣設成人與繼續教育的進修課程，例如EMBA，教育部也把終身學習列爲重點發展，政大的科管所甚至爲已獲理工碩士的上班族開設第二個有關科技管理的碩士學位，而許多大學爲其大學部的學生設立雙主修的學位，甚至跨海和國外的大學合作提供獲得「雙學位」的機會。社區大學的成立就是終身學習最好的實踐例子。

第三個前提則高估了我們對社會變遷的預測能力，而且也過分的在乎外在因素，而忽略了青少年的興趣和擅長之處。

如何培養T型或A型知能

培養T型技巧甚至A型知識，既然如此重要，那麼我們應該怎麼做呢？

第一，在認知上確認跨領域的必要性和可行性。

管理學大師彼得・杜拉克（Peter Drucker）認爲「認知上的改變」是創新的七個來源之一。認知上的改變推進了思考上的典範轉移（paradigm shift）。確實相信T型或A型可以取代I型的心智典範，並且採取行動實踐之，好的開始便是成功的一半。

第二，重新檢驗自己的人生價值和優勢智慧（第一個大夢）。**檢驗的同時，必須配合現在或過去就讀科系或工作內容**（第三個大夢）。

天下沒有「白讀的書」，也沒有「白過的日子」。已經成爲事實的求學、工作或經驗，都可以累積而成一種專業知識或技能。在華人社會中，正如胡適（1891-1962）所說，許多人就讀的科系或工作內容並非依據自己興趣，而是跟隨社會常模或標準做選擇，這也就是有些人會在求學過程或工作中得過且過或抱怨所學非所用的重要原因。然而，從T型或A型的跨領域角度來看，我們應該好好珍惜並深化這些學習經驗，然後再透過正式教育（如讀研究所）或非正式教育（如工作中的學習、自學或從聆聽分享中學習等）的管道，增進另一種專業知識，並且建構兩種專業知識的交集融合或結合一種專業知識的理論與實務經驗。

回想一下什麼是你擅長也曾經想學但卻「興致未酬」的領域知識或技能？確認之後，可以開始規劃正式或非正式教育的管道，並且付諸實現。知名專欄作家薇薇夫人退休後，下決心拜年輕的奚淞爲師學畫，以完成她童年的夢想，她樂在勤畫中，不到五年已可以開畫展了。

第三，肯定「活到老學到老」的終身學習態度，並主動實踐。

李奧納德—巴登認爲大部分具有兩種專業知識或「語言」的A型或T型人物，都是在人生不同階段中先後取得兩種知識或學會兩種「語言」，大部分的人都不是在同一時間成就兩種專業知識的。組織行爲大師華倫・班尼斯（Warren Bennis）和羅伯・湯瑪斯（Robert J. Thomas）在深度訪談廿五位七十歲以上卻仍是卓越領導人的怪傑（Geezers），和十八位三十五歲以下卻已是卓越領導人的奇葩（Geeks）之後（《奇葩與怪傑》，中譯本時報文化出版），發現除了能夠從成長中的歷練經驗建構人生的意義以外，他們也都維持赤子之心、有創意與適應環境的能力。尤其是能隨著時代變遷與年齡的增長不斷增進新知，必要時也能夠彈性地典範轉移。

第四，尋求可以實踐大夢的良師益友。

廣泛地閱讀和分享自己所知，然後尋找T型和A型人物，以及他們追尋的歷程，將他們視爲你的良師益友，從他們的經驗中建構自己實踐大夢的意義。

你當然也可以尋求擅長你想增進的知識領域之親朋、好友、同學、同事，做爲你的良師益友，這正是三人行必有我師的學習原理。

第五，根據工作上的需要適時進修。

二十年前，一個青年想要進修，機會很少，可是今天處處充滿進修機會，連網路上都可以讓有智慧的人適當的選擇自己所需的資訊和管道，從事自我成長的工作。

第六，I型人物除了深度發展自己的專業知識以外，也可以創造或把握機會橫向發展。

這種做法可以慢慢讓自己成爲T型人物。假如你擅長某一種專業，一方面要深化這個專業知能。另一方面你也可以另起爐灶，學習另一種專業知識，促進這兩種專業知識的交集融合，成爲A型人物。

然而比較容易進行整合的方式則是以深化自己已有的專業知能，然後橫向應用，從應用中增進知識，回頭深化原來的專業，而成爲T型人物。

陳甫彥老師在淡大開授「視覺傳播」的課程時，網際網路才要起步，多媒體製作只是個夢想，他則從平面攝影、網站建置到多媒體製作等等方向深化傳播知能，然後橫向發展，例如建置留學站（www.saec.edu.tw；www.ustady.org.tw）、網路劇院（www.cyberstage.com.tw）、金庸茶館網站、博客來網站，然後再推廣Tell Me More互動英語等多媒體英語學習出版品或素材，從橫向發展中一方面增進這些領域的知能，一方面透過反思深化原來的傳播專業知能。

第七，尋找異質的人分享合作。

人各有「智」，人也需要互補，在自己的人際網絡中尋找擅長不同智慧、領域、知識、專長或技巧的人，以自己擅長的部分建構T中的I，然後從別人的專長中學習橫線的I，終究還是可以成爲T型甚至A型人物。

祝福你展開腳踏實地跨領域的學習成長之旅，讓自己成爲T型甚至A型人物。

心得筆記

可以記下你讀了這篇文章後的感想，自我的省視、展望及其他。

第五篇

愛的尋求

愛的尋求是青年的第四個大夢。

心理學家認為，愛情有三個共同因素：一是思念，二是奉獻，三是親密的行為。當愛情發展到配偶的抉擇時，往往又受到以下一些觀念的左右：有一種態度是為了滿足安全感或經濟上的需要；另一種則是為了滿足心靈的需要，追求男女之間的和諧與和睦。前者稱為「工具性」的選擇標準，後者則稱為「表達性」的選擇標準。你認為自己追求的是哪一種？

這是如何稀奇、令人驚訝的事，要認識一個人，須經過一層皮肉，而發現一個靈魂——經過一層皮肉，而發現娛樂、官感、幻景。啊！尤其是發現所謂幸福的幻景——經過一層皮肉、皮相、幻景——發現人所謂「戀愛」。

——**鄧肯**（Isadora Duncan），《死亡與童女之舞》

你儂我儂，忒煞情多。情多處，熱如火。
把一塊泥，捻一個你，塑一個我。
將咱兩個一齊打破，再捻一個你，再塑一個我。
我泥中有你，你泥中有我。
與你生同一個衾，死同一個槨。

——**管夫人**（趙孟頫妻）

1

青年的第四個大夢

「愛是什麼？」這個問題大家都在談，都想知道，過去大家認爲愛是——「可意會不可言傳的」、「可遇不可求的」。然而事實上是這樣子嗎？

交友與戀愛是人生的大事，尤其在青年階段更爲重要。在談交友與戀愛之前，我們可以先探討一下一般人對「愛」的看法到底是什麼？《愛的故事》（*Love Story*）這部電影，不是說過一句話：「愛是——永遠不必說抱歉。」而平常常見的書籤、卡片上，甚至女孩的皮包或T恤上都會印有「愛是……」。有一次，一位做媽媽的剛把頭髮整理好，站在背後的小兒子卻又把頭髮弄亂了，這位母親回過頭來正要生氣，他的兒子卻說：「愛是——弄亂了媽媽的頭髮。」媽媽聽了又好氣又好笑，終於以笑代替責怪，這也是愛——母愛。

愛是什麼？

每個人對「愛」可能都有他自己的看法，那麼，愛到底是什麼呢？

「愛是什麼？」這個問題大家都在談，都想知道，而往往又說不出所以然。因爲過去大家認爲愛是——「可意會不可言傳的」、「可遇不可求的」、「只要天知、地知、你知、我知，就好了」。然而事實上是這樣子嗎？愛情既然是人生中重要的課題，處理不好，又會一失足成千古恨，後果不堪設想。那麼，爲什麼不研究它，了解其來龍與去脈呢？以往的心理學家也不太研究愛情，一直到最近十年，才開始「大膽假設，小心求證」。

有一次，我在東海大學演講時，曾經用十分鐘時間，運用「腦力激盪術」（brainstorming）的方法，看看一般大學生對愛的看法。也就是要他們以自由發言的方式說出：「愛是……」。

男生：愛是犧牲。

吳靜吉（以下簡稱吳）：愛是犧牲，我希望你能做到。（大家笑起來）

女生：愛是占有。

吳：男生，只要你把自己當做物體，趕快找她去。（笑聲）

吳：愛是什麼？

女：愛是忍耐。

男：愛是忍不住的想到她。

吳：愛是什麼？

女：愛是吃泡泡糖。
男：愛是默默地耕耘。
女：愛是煩惱。（笑聲）
吳：好！愛是煩惱，還有呢？
男：愛是互相尊重。
男：愛是把快樂帶給別人。
吳：愛是把快樂帶給別人。
吳：愛是兩個人之間沒有窗户隔絕。（大笑）
（注：當時有許多同學擠不進教室而站在窗外發言。）
女：愛是關懷。
男：愛是一點都不勉強。
男：愛是盲目的。
女：愛是一種默契。
男：愛是向對方吹口哨。（笑）
吳：愛有什麼？愛是兩人默默無語。
吳：愛也可以是晴天的雨。（笑聲）

女：愛是諒解。

男：愛是心態健全以後，第一件要做的事。

女：愛是告訴他我是誰。（笑聲）

女：愛是天使也是魔鬼。

男：愛是幫助對方成長。

男：愛是一起上圖書館。

吳：愛是一起上圖書館，看書不看書呀？（笑聲）

吳：愛是兩人共同吃一根冰棒。

女：愛是約會。

男：愛是聽她的話去剪頭髮。

女：是蹺課來聽你演講。（爆笑，拍手）

吳：她的意思是說，愛是蹺課來聽演講，藉聽演講被你們大家看（笑聲）。好！愛是當你疲倦回家，替你泡一杯茶。

女：愛是遞上拖鞋。

男：愛是情人眼裡出西施。

女：愛是爲悅己者容。

男：愛就是愛。（笑聲）

吳：你可以去做廣播，不一樣就是不一樣。（笑）

男：愛就是要沒有理由。

吳：記住這句話呀！愛就是要沒有理由。（笑聲）

男：愛就是兩個恰恰好。（笑聲）

男：愛是一種吸引。

男：愛是追求幸福的過程。

男：愛是少了她渾身不自在。

男：愛是面對她就渾身不自在。

吳：那不整天都渾身不自在嘍？（笑聲）

吳：好！由於時間關係，我們就暫時做到這裡。謝謝大家。

愛情三要素：理想中的

由上述腦力激盪的結果來看，真是「人有百百種，愛有千千種」、「愛的聯想，各如其面」。每個人都有一套說詞。同樣的，在一般文學作品、雜誌中，文學家透過他們的筆，也敘述出各種不同的愛。

有位心理學家想知道一般人及文學家等人所說的愛究竟是什麼？便蒐集許多有關的資料加以歸類、分析，結果發現一般人所謂愛的定義或愛的聯想，包含三個共同因素。這三個因素可以包容一般人對愛的看法。

第一個共同因素：愛是沒有理由的。也就是非理性的，愛是「只能意會不能言傳」。愛是「渾身不自在」、「也不知道爲什麼」，反正「愛就是愛」。「愛是沒有理由的」、「少了它不自在，有了它也不自在，反正愛上了就不自在，不知爲什麼」。

第二個共同因素：愛是可以克服一切的。把愛的力量提昇到最高的境界，愛是——「什麼困難都是可以排除的」，「不管父母怎麼反對，一樣可以公證結婚」，「即使台灣不能結婚，可以飛到美國去結婚」。

第三個共同因素：愛是愛定一個人（one to love）。也就是只能有一個對象，所謂「愛就是占有」、「愛是不准別人來分享的」。

從以上這三種共同的因素可以發現，一般人常常把愛高估了，所以才「不要有理由」、「可克服一切」、「只定於一尊」。然而，希望和事實可能是兩碼事。一般人認爲愛應該是這樣，事實往往和希望有距離。一個熱戀中的人，如果你對他說：有一天你可能會變心的。他會覺得你這個人不解風情，俗不可耐。這就是他過分地相信不變的愛。抱著這種愛情觀的人，到了某種需要突破的時候，兩個人之間開始要關心柴米油鹽的時候，就容易產生問題了。因爲結婚之後，開始要計算這個月薪水多少，別人的收入那麼多，爲什麼你的收入比人少？談到這樣的問題，講話的內容便是理智的層面，兩個人就開始有了問題。

認爲愛可以克服一切。中國有句話——貧賤夫妻百事哀。戀愛當中每個人都會退化，這種退化是健康的。不論是一個平常多麼道貌岸然的人，戀愛時一定會退化，要比原來年齡小個幾歲。一對四十多歲的人，一旦戀愛起來，很可能手牽手，兩個人買了一支冰淇淋，你一口我一口吃起來，高興得不得了。平常看電影時也許是正襟危坐，這時可能又叫又跳。但是事實往往是冷酷的，愈是抱持著愛可克服一切，婚後便容易產生問題。

記得十幾年前，遇見一個三十幾歲的人，他出國的原因是他的同學都出國了。他太太很喜歡吃醋，占有慾很強。那時候的張美瑤就像今天的章子怡、張曼玉，有一天她看到了就高興的說：「張美瑤好漂亮啊！」他也看到了，便說：「張美瑤是很漂亮！」他太太氣得不得了，大叫：「幹嘛那麼高興，你又移情別戀了！」他說：「這眞是醋缸打翻了。」當然，他覺得很孤單，想要向同學一吐心事，才發現同學都出國了。那時候學理工的人出國很多。他一想乾脆我也出國去落個耳根清淨。

對他太太來說，愛情只有一個，有了我就不能有他人，這個世界我劃了個圈圈，我們跳進這個圈圈，就不准有其他人進來。事實上，自己限定的圈圈是靜態的，而事情發展是動態的，

時間也是動態的，怎麼可能一成不變？人往往是有弱點的，過度抱持著愛是無理由的、愛可克服一切、愛只能有一人這樣觀念的人，愛也往往會落空的。

愛是不是就是喜歡？

現在是律師的心理學家**路賓**（Zick Rubin）對這個問題做了一些研究，結果發現什麼是「喜歡」，什麼是「愛」，愛與喜歡是不同的。由這裡我們也可知道什麼是「友誼」，什麼是「愛情」。

他編製了一個問卷，測量和研究的結果，發現喜歡和愛是有分別的。喜歡包含三個因素：

一、你對喜歡的人會做較好的評價

換句話說，你對他的印象、他的感覺都比較好。比如有選舉的話，你一定會選他。你對他的評價很高。當然，這種評價是主觀的，與一個人客觀的能力未必一致。順便提到，人們對別人的評價，也往往有幾種不同的做法。如果以時間的先後和評價的好壞來說，便可分爲四種情況。

- 起初給他壞的評價，最後給予好的評價。

・起初給他好的評價，最後卻給予壞的評價。
・自始至終都給予好的評價。
・自始至終都給予壞的評價。

你想當你以這四種評價方式評價別人時，哪一種方式被你評價的人最喜歡你？研究的結果發現，「先壞後好」的方式，對方最喜歡你；而「先好後壞」的情形，對方最不喜歡你。

所以，你對一個人的評價，最好開始都不講話，人家講這個人怎樣、怎樣，你就保持緘默，最後才慢慢地一點一滴的說：「喔！這個人不錯，頭髮蠻可愛的，走起路來風采也不錯！」這樣往往「事半功倍」，而「先好後壞」的方式，卻往往是「事倍功半」的。

二、尊重與信心

也就是你對他的能力、對他的判斷力都很有信心。對方有的缺點，你都很清楚，但是你不會因爲對方有缺點，就只往壞處看而不往好處看。這就是尊重。他有了好的表現，他的優點，你就自然地強化它；他便有機會再表現這些行爲。你在和他交往的過程中幫助他成長。

如果他一旦表現出缺點，你就很生氣，就「一刀兩斷」不往來了；或者是「臭氣相投」，你和他在一起的唯一理由，就是那個人的缺點，兩個就繞著缺點兜圈子，這便不是尊重，而是

固著在缺點上。

說到信心，可以先從自信談起。有一個人每次到生日的時候，就會打電話給他父母親：「恭喜爸爸、媽媽，你們在幾年前的今天，生了一個這麼好的孩子。」這就是他非常有信心。又如：有一個小孩子，他獨自兒在畫畫，媽媽看見了說：「外面在下雨，你怎麼一個人畫了一個下午動都不動啊！你在畫什麼呢？」他說：「我在畫上帝。」媽媽說：「開玩笑！哪有人看過上帝。」他說：「等我畫完，他們就知道什麼是上帝了。」這就是信心。曾經看過空中飛人表演的人就知道，兩個人在空中交換時的合作和信任是非常重要的，因爲兩個人的生死就決定在那一剎那。

一個沒有朋友的人，一個從來沒有眞正喜歡別人或被別人喜歡的人，大概從小沒有受到互信環境的陶冶。一個嬰兒在搖籃裡，或在母親懷抱裡，如果稍微放開手，嬰兒全身肌肉都會緊張起來的。事實上，人與人之間應該互相信任，能夠信任自己、信任別人才構成喜歡的條件。

三、物以類聚

就是相似的程度。兩個人認爲他們之間相似的程度愈高，互相喜歡的可能性也愈大。中國人常說：「近水樓台先得月。」平時鄰居之間比較容易建立友誼的關係，同班同學也容易互吐衷曲。

兩個自認爲個性相似的人，容易相處。在心理學上來說，朋友本身就是滿足自我的強化物，你的意見得到朋友的讚許，你就認爲我們倆的意見一樣，所以才會產生良好的友誼。但是有一件事要注意，那就是所謂的「同病相憐」，或者有了共同的敵人才變成「同盟」。當兩人有了共同的敵人，或者有共同抱怨的地方，就構成所謂「臨時性的喜歡」。這種喜歡在共同敵人消失，或埋怨的對象消失時，兩人的關係就很值得懷疑了，這不是眞正的喜歡。

這兒所說的眞正喜歡，是指兩個人眞正有很多共同的意見、共同的看法。一個愈權威性的人、心胸愈閉塞的人，愈是希望和與他意見一致的人交友。而一個心胸開放的人，比較能夠接納異己，允許不同的意見出現，所以他也可以交「異己」的朋友。但一般而言，還是態度相同、興趣一致的人，物以類聚的情況較多。

除了上面提到的「好的評價」、「尊重與信心」、「相同的觀念和態度」之外，「經常出現」也是因素之一。「一回生二回熟」便是指接觸的次數影響熟識喜歡的程度。

曾經有人做過這樣的研究，將中國字和人的照片配對，做成幻燈片。其中一組人讓他重複地看，另一組人則看的次數很少。結果發現，重複看的那一組，比較喜歡他們所看的東西。同樣的，我們常說：「有空的話，常常到我家來玩。」這意思就是多所接觸，容易建立友誼的關係。

愛情三要素：實際上的

愛情也有三個共同的因素。這是指眞正在約會戀愛中的人的看法，而不是一般報章雜誌中所鼓吹的那種「理想」，其實那種理想往往不可能得到。現在所談的三因素，是指戀愛當中所表現出來的。

第一個共同因素是愛戀或依附（attachment）：台大心理學系教授黃光國先生翻譯成「思念」，就像前面所提到的「少了他渾身不自在」、「沒有他好像失落了什麼」。也就是我們常說的「相思」。如果兩人的個性比較依賴，他們彼此的依賴就會強一點，兩人的親和力也會強一些。

第二個共同因素是關懷對方，奉獻（I will do anything for you.）：比如說：對方情緒不好，我第一個衝動就是跑去安慰他，即使自己疲倦得很，他生病了，我也要趕去陪他，回來再開夜車做自己的事。如果有這種感覺，表示你已經能做到關懷對方了。

第三個共同因素是親密行爲（intimacy）：兩個人之間如果產生這樣的感覺——我對他所做所爲的一切都非常有信心，或者兩人在一起，總是互相癡癡地望著，即使是沈默時候，也是「盡在不言中」，這就是親密的行爲。

影響愛情的因素

一、情人眼裡出西施

心理學中有所謂的「選擇性的知覺」(selective perception)，在很多情況下，我們並不是看到所有的東西，而只是選擇一些我們要看的東西，其他東西是「視而不見」、「聽而不聞」的。

另外，亦有所謂的「月暈現象」(halo effect)，會影響我們的第一印象的形成。有人做過一個實驗，研究學生對老師的印象。在老師上課之前，實驗者告訴學生這個老師怎樣怎樣。其中只有一句話不同，一組學生是聽到「他是溫暖的」，而另一組學生是聽到「他是冷酷的」。結果發現在教學的過程中，接受溫暖刺激的那組學生對老師參與的程度較高，而且也較喜歡這個老師。

密西根大學的教授對這種月暈現象，曾經更進一步的研究。他們把一個法國腔教授的聲音動作錄影下來。把學生分成兩組，一組告訴他們這個老師是「溫暖的」，另一組則告訴他們這個老師「比較冷酷」。然後把錄影帶放給學生看，要學生評價喜不喜歡這個老師。結果發現被告訴「溫暖的」那組學生，連老師的聲音都覺得可愛，認爲他的聲音很性感，很吸引人，而聽到「冷酷」的那組學生，就覺得這個老師的聲調很刺耳。

這是很普遍的現象，特別是戀愛中的人更容易表現這樣的「先入爲主」。當你自己特別喜愛某一特點，往往就會在對方身上找到那樣的特點，然後以這一點開始擴張起來，最後就以那一點來代表整個人。眞成了丈母娘看女婿——愈看愈有趣，就變成「情人眼裡出西施」。這種「以偏概全」，以部分代替整體，等到結婚之後，才發現「廬山眞面目」，原來的那一部分卻又不見了，問題便產生了。

二、郎才女貌的觀念

有個心理學家曾對這個問題做了一個研究。他把一些很漂亮女性的照片分成二組，一組保持原樣，另一組則加以修飾，變得看起來比本人醜，譬如在臉上塗得蠟黃，眼圈塗黑。然後將這兩組照片分給大學生看，看完後讓他們評鑑這些人的將來及婚姻。結果發現，看漂亮照片那組，認爲這些女性將來的丈夫應該是有錢有勢的；而醜的那組卻覺得她結不了婚。這種「郎才女貌」的觀念，有時造成一種現象，就是所謂的「紅顏薄命」。

通常婚姻的形成，大概有三分之一是在附近幾條街的距離之內，尤其是在不遠的幾棟房子之內。而三分之一差不多是在同一個社區之內。只有三分之一大概是因爲同學、同事的關係，但如果把同學同事也算是空間距離很近的話，幾乎大部分的婚姻都是因「近」而「結」，這就支持了一句話——近水樓台先得月。

但是什麼樣的人比較例外呢？

那些以外表取勝、用漂亮和別人建立關係的女性。比如：空中小姐、演藝人員。因工作關係，她們是在明處，別人在暗處。所以別人挑選她的機會比較多，而挑選她的人也往往看到她在公眾場所出現的樣子，因爲她的「紅顏」而與她結婚，這時候她的機會也比較多。但等到她到中年，就開始懷疑自己外表的問題，她已經不再永遠是「十八姑娘一朵花」的模樣了，不能再像以前那樣的打扮走路了。她已失往昔的「機會」。

過往有很多口紅的廣告是以這種年齡的女人爲對象的，以往女性什麼時候開始擦口紅呢？根據調查，婚後開始有點想用外表來抓住丈夫的時候，即使吃飯時，也要拿起口紅來擦一擦。所以很多化妝品，就是以這類女性爲廣告對象。

我的意思是說，就是因爲有「郎才女貌」、「紅顏薄命」這樣的刻板印象，漂亮的人就用外表和別人建立關係，也因此就很少有機會發揮她的潛能。所以到了中年，青春不再，機會也不再，情況就一日不如一日，心理上她就容易產生紅顏薄命的感覺。

三、選擇配偶的觀念

有的時候戀愛也會受到一些觀念的影響，那就是選擇配偶的觀念。有些人戀愛不是沒有理性的，相反的，他是有意的，事先調查對方的背景，才決定要不要和這個人來往。有這種看法

的人，對戀愛的看法自然也不同。

我也做過一個研究，想知道一個大學生在選擇配偶時是用什麼態度。於是設計一份問卷，目的主要是看人們選擇配偶時，用什麼態度和準則。到底是在滿足自己的何種安全感：追求一個鐵飯碗？還是在滿足自己的歸屬感、親密和諧等心理上的需求？

滿足安全感、經濟上的需要，可稱之「工具性」（instrumental）選擇標準。比如：你認為你的配偶要有大學學位，要能分享經濟上的責任，是從事什麼樣的工作，他願意工作並為未來的需要儲蓄等等，這些是極端重要或很重要的，那便是著重在工具性價值。

另一種是要滿足心理的需要，追求人際間的和諧及感情的和睦。這方面可稱為「表達性」（expressive）選擇標準。比如：你認為配偶對你的了解，與配偶之間的感情，是否具有幽默感，是否對你寬厚和為你著想，是否有成熟的情緒等等，是極端重要或是很重要的，便是著重在表達性價值。

根據以台北的幾所大學學生為對象的一項研究結果發現，在表達性價值方面的平均數是四・〇三（最高分數為五分），這是屬於非常重要的範圍。在工具性價值方面平均數是三・二八五，是介於適度的重要與非常重要之間。

用這個結果與美國的大學生做比較，則中國人的工具性價值是介於白人和黑人之間，白人的平均數為三・〇五，黑人是三・四五七，中國人是三・二八五。換句話說，黑人在選擇配偶的時候，對方能不能滿足經濟上的需求和工作上的安全感比我們中國人覺得更重要；而中國人在工具性價值又比白人認爲重要。

而表達性價值方面，美國黑人平均數是四・二七二，白人是四・二〇三，中國人是四・〇三。也就是說，美國無論黑人、白人，對表達性價值方面的重視都超過中國人。我們常說，中國是一個重視精神生活的民族，從這個結果看來，這句話是值得懷疑的。尤其是我們的價值觀已經在轉變，我們是不是以精神的價值觀取勝的民族，值得進一步探討及深思。

如果我們以性別分開看，中國的大學生，男女生在表達性價值方面，並沒有顯著的差別；但在工具性價值方面，女性的分數顯著地高於男性。這是個有趣的發現。

傳統觀念中，女人的結婚是找鐵飯碗，在這個研究中可以顯示出來。然而，找到鐵飯碗是否眞的保證快樂？而貧苦夫妻是否眞的百事哀？我想未必都是這樣。最近一份有關女性幸福感的調查，甚至顯示「單身，有工作成就的女性比較快樂」！也有愈來愈多新世代，不認爲人生一定要結婚。一個人需要滿足最起碼的衣食需求，才有機會追求更高的需要，以便發展潛能，兩人的關係也是這樣的。比較理想的是適度地實現工具性價值，而努力追求表達性價值。

心得筆記

可以記下你讀了這篇文章後的感想，自我的省視、展望及其他。

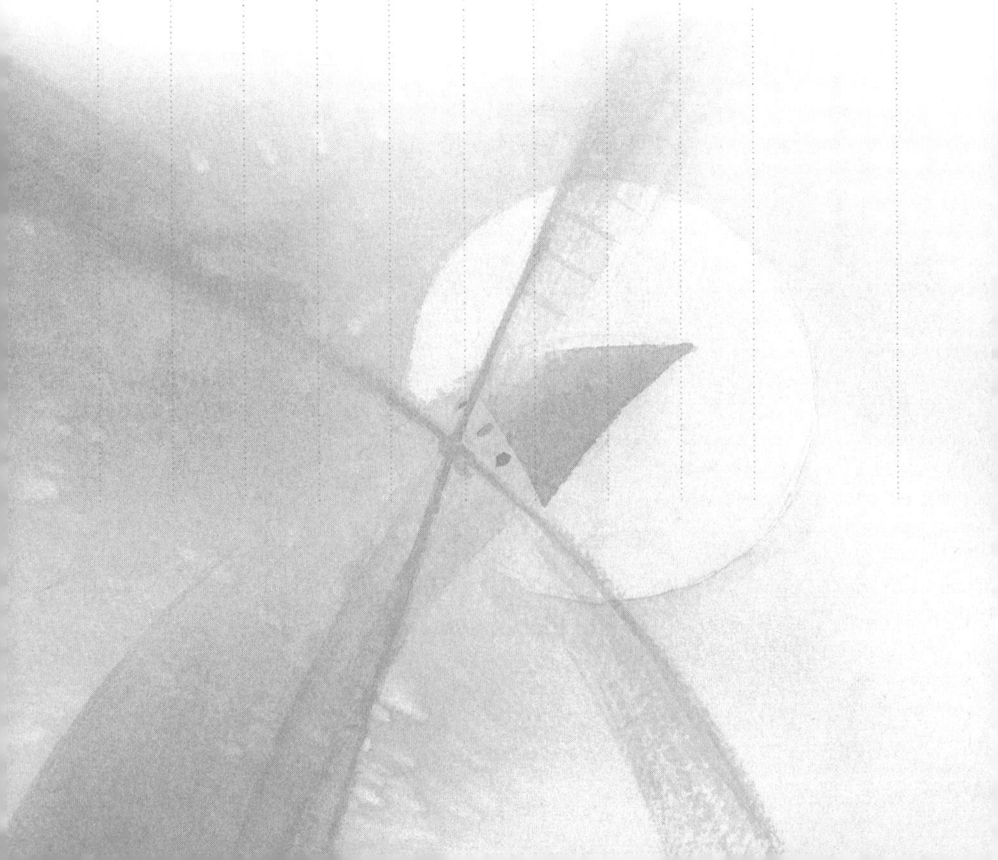

2 在愛與被愛中成長

其實只要我們相信「愛與被愛」應該也可以經營，我們就可以歡娛地追尋「愛與被愛」的第四個大夢。

最近在政大科管所上「人際溝通與團隊合作」的課程中，非常驚訝地發現，這些研究生肢體語言的表達與接受已可收放自如，同性之間如此，異性之間亦如此。二十年前，當《愛・被愛》（*Loving Each Other*，中譯本遠流出版）這本書在台灣出版時，猶見男女同學或同事之間愛在心裡手難伸，二十年後台灣的人際關係之表達方式已然開朗自在。

班上大部分的「學習團隊」在討論人際溝通與團隊合作的重要性中，仍然以愛情、老闆與員工、員工與員工、同學與同學之間的愛與被愛爲故事架構演出或說明各自團隊合作的成果，因而驗證了人際關係與團隊合作在虛實並存的今天益顯重要的恆久原則。

是的，時代改變了，情境也改變了，表達方式也改變了，但都改變不了人類「愛與被愛」的需求，即青年第四個大夢的追尋。

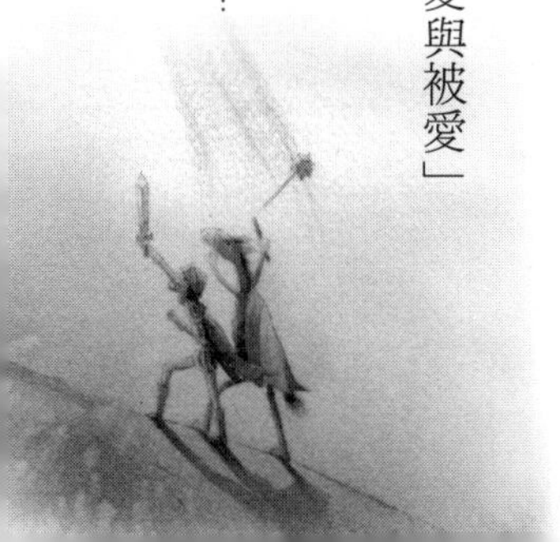

愛與被愛需要經營

可是，在我們的一生中，無論是在正式課程或在非正式的教導中，很少人把愛當做一件正經事來處理或經營。多數人都在摸索中學習愛的本質、愛的關係；少數人能在愛中成長、多數人卻在愛中迷惘。所以一九一五年諾貝爾文學獎得主羅曼・羅蘭（Romain Rolland, 1866-1944）才會說：「愛人的不被愛；被愛的不愛人；愛人而又被愛的，遲早要分開。」我相信他所謂的分開，不是單指離婚或脫離關係而言，主要是指雙方的感情冷漠了，或者可說是「情到濃時情轉薄」。

不論一個人的年齡多大，是嬰兒、青少年或老年人，都希望能有愛人和被愛的權利。如何愛與被愛，而且能夠持續下去，並在愛中成長，是人一生發展的任務，也是我們每個人所祈求的。對青少年、青年來說，適當的愛與被愛更是成長的關鍵。

美國南加州大學（University of Southern California, USC）特殊教育系教授里奧・巴士卡力（Leo F. Buscaglia, 1928-98）博士，在大學中正式開授愛的課程，廣受歡迎；不僅是學生，社會上各階層的人都喜歡；不僅美國人喜歡，亞洲人也喜歡；他的《愛・被愛》能夠在台灣暢銷，就是最佳的例證。

巴士卡力是第二代的美籍義裔人士，他以行動驗證他對愛的說法，在我們的概念上不會產生任何衝突和認知失調。美國的大眾傳播界稱他爲「擁抱博士」。他不僅對異性擁抱，對同性擁抱，對長輩及晚輩也一樣擁抱。擁抱是適合他成長的文化背景，也是他個人的特質以及他扮演的角色有效經營的表達和溝通方式。

我們可以感覺得出，他以行動表示愛與被愛是很自然的，不會讓人覺得言行不一致。他的書籍幾乎變成愛的聖經，他的演講幾乎變成愛的傳道。這表示多數人都需要愛與被愛，只是有些人「餓鬼假客氣」，或有些人因爲害羞、不果斷，不知從何愛起，或根本的問題是不知道愛與被愛需要經營。

由於他的書籍暢銷、演講受歡迎，多年來他已累積許多與他通信的人，這些信件多少是希望他提供一點建議的。教書教久了的人都知道，當學生問你一些難以回答的問題時，就把問題丟還給學生。巴士卡力教授並沒有直接回答這些問題，而是設計一份簡單的、開放式的問卷，寄給他們回答。回答這份問卷的人和台灣關心愛與被愛的群眾在人口因素上，在很多方面是相似的，而且在進入二十一世紀之後仍然一樣。三分之二的受試者是女士，大部分在三十至六十歲之間，而且教育水準較一般人高，至少都受過高中教育，也有研究生。

愛與被愛特質排行榜

他的問題主要可分爲二類：一類是個人之主要的互愛關係。對一個結了婚的女人來說，主

要關係大多是指丈夫；對一個戀愛中或追求愛人中的青年來說，主要的關係大多是指戀愛或追求的對象；對一個沒有戀愛過、也沒有結婚的人來說，主要關係可能是父母或朋友，當然每一個人都有親子或朋友關係。他同時也問到次要的互愛關係。第二類問題是想知道什麼樣的特質可以促進愛與被愛的關係，或阻礙愛與被愛關係的發展，也就是需要經營的因素。

你我都不會詫異，而且中外也相當一致，促進愛與被愛關係發展之特質的排行榜上，溝通排第一，情感第二，寬恕第三，誠實第四；其他依序爲包容、可靠、幽默感、浪漫、耐心、自由。

阻礙愛與被愛關係發展之特質的排行榜依序如下：缺乏溝通、自私、不誠實、猜忌、不信任、要求完美、缺乏變通、缺乏了解、缺乏尊重、冷漠。

在台灣上演的韓國連續劇，基本上就是以「愛與被愛」爲題材，而且幾乎每一部都在比較適當的、成功的和失敗的、不當的經營動機與策略。以《背叛愛情》爲例，我們可以觀察女主角之一的雅黎瑩在劇中如何成功地經營她和丈夫、公公、婆婆、奶奶甚至女傭的關係；而且不僅成功地經營她與另一個人的關係，也經營了公婆之間的情愛關係。而劇中搶走她父親拋棄她母女的女主角，以及雅黎瑩同父異母的妹妹禮英全家的每個人，在愛與被愛的經營方面多多少少都出了問題。

雅黎瑩的成功就是靠溝通、情感、夢想、誠實、包容、可靠、幽默、浪漫、耐心和自由，其他經營上有遺憾的人，至少是因為以下幾個阻礙愛與被愛的因素：缺乏溝通、沒自信、不誠實、不信任、要求完美、缺乏變通、缺乏了解、缺乏尊重、冷漠。

溝通的經營

溝通在所有有利或不利愛與被愛的因素中，都是最重要的。當香港藝人蘇永康面對媒體解釋離婚的原因時，「溝通不良」脫口而出。那麼溝通要不要、可不可以經營？當然要經營，當然可以經營，雅黎瑩贏得婆婆的信賴與愛護之後，全家只剩奶奶一個需要透過溝通的經營。既然她擅長劇作，當然也擅長寫信，終於等到對的時機，尤其是看到奶奶彈鋼琴的陶醉模樣之後，她提起筆寫信，自責因過去的幼稚無知而冒犯奶奶，這些正是奶奶對她的不滿，對奶奶認錯透過擅長的文筆，把信放在熟睡中的奶奶床頭，等第二天奶奶起床後獨自閉門閱讀，慢慢回憶反思體諒前瞻。

這樣的經營溝通方式乍看肉麻，其實是彈性策略的使用。我不可能是肉麻的人，但我也用過這樣的策略，我初中（現在的國中）三年級的春節前幾天，莫明其妙地就只想要一件夾克，請不要笑我，那時候只有富貴人家的中學生才買得起夾克。我向來膽小害羞，又怕權威，更怕話還沒說完就被拒絕，於是決定寫一封非常「感人」的信給爸爸。據祖母說，第二天看完信後，爸爸久久不語，只是嘆氣，在祖母追問下，只好讀信，祖母邊聽邊落淚，最後她說：「這

樣吧，你八叔嫌你爸買給他的那件顏色太青（紅美黑大方，青的顧人怨），你如果不在意，就送給你。」我說了幾聲謝謝之後，就拜託家開洗染店的同學，請他自己利用父母休息時把我的夾克染成深藍色，這樣我可以免費得到我想要的夾克。

溝通經營當然需要使用適當的策略，最好的原則就是**情眞意明**（情感、誠實）**理直氣和**，情眞意明就可以理直；理直可以氣壯，可以氣弱，也可以氣和。一般來說，理直氣和是最佳的策略，但有時對某些「陳水——欠扁」的人，氣壯也許有效，如何拿捏就得有效經營了。

其他特質的經營

心理學的研究發現能夠眞心寬恕別人的人比較快樂，比較長壽。最近有機會率先閱讀薇薇夫人改版的暢銷書《一個女人的成長》，更能體會她的樂觀與寬容。朋友有難，她永遠不疾不徐地穩定朋友激動的情緒，所以中視董事長鄭淑敏說「跟她在一起很舒服安心」，新象基金會董事長樊曼儂說「跟她在一起愉快自在」。

在一起舒服安心、愉快自在，這樣的愛與被愛的人際互動中自然充滿幽默歡笑。我們從小就受「七世夫妻」的故事影響，中國文學戲劇中的愛情總是悲多於歡，愛與被愛的關係總是那麼悲苦；尤其是女性，像京劇中的青衣角色，歌仔戲中的苦旦，韓劇《藍色生死戀》中的悲劇角色，總是賺人熱淚。

其實，彼此相愛，不論是發生在夫妻間的愛情、父母子女間的親情、朋友間的友情，應該是充滿歡笑才對。不幸地，不懂得享受歡笑的人常常在人際關係中糾纏不清。如果大家彼此相愛，就不會成爲對方的包袱，而變成包袱的根源就在於嫉妒。只是，有愛就會有嫉妒，讓它自然存在，但千萬不能讓嫉妒成爲在愛中成長的絆腳石，不當嫉妒的後果就是社會版的新聞。

嫉妒常常始自缺乏安全而又充滿矛盾，渴望依附自己認爲的強者來壯大自己，卻又不信任對方。如何愛才不會表錯情，如何才不會會錯意，如何自信自愛，如何發揮同理心，如何己所不欲勿施於人，都需要經營也可以經營的。

巴士卡力在《愛・被愛》一書中利用整整第八和第九章提出在愛與被愛中學習成長的建議，例如「承認對方不是超人」、「時常大笑」、「了解自己」、「不要把你的不快歸咎於他人」等等，值得做爲經營原則的參考。

其實只要我們相信「愛與被愛」應該也可以經營，我們就可以歡娛地追尋「愛與被愛」的第四個大夢。

心得筆記

可以記下你讀了這篇文章後的感想，自我的省視、展望及其他。

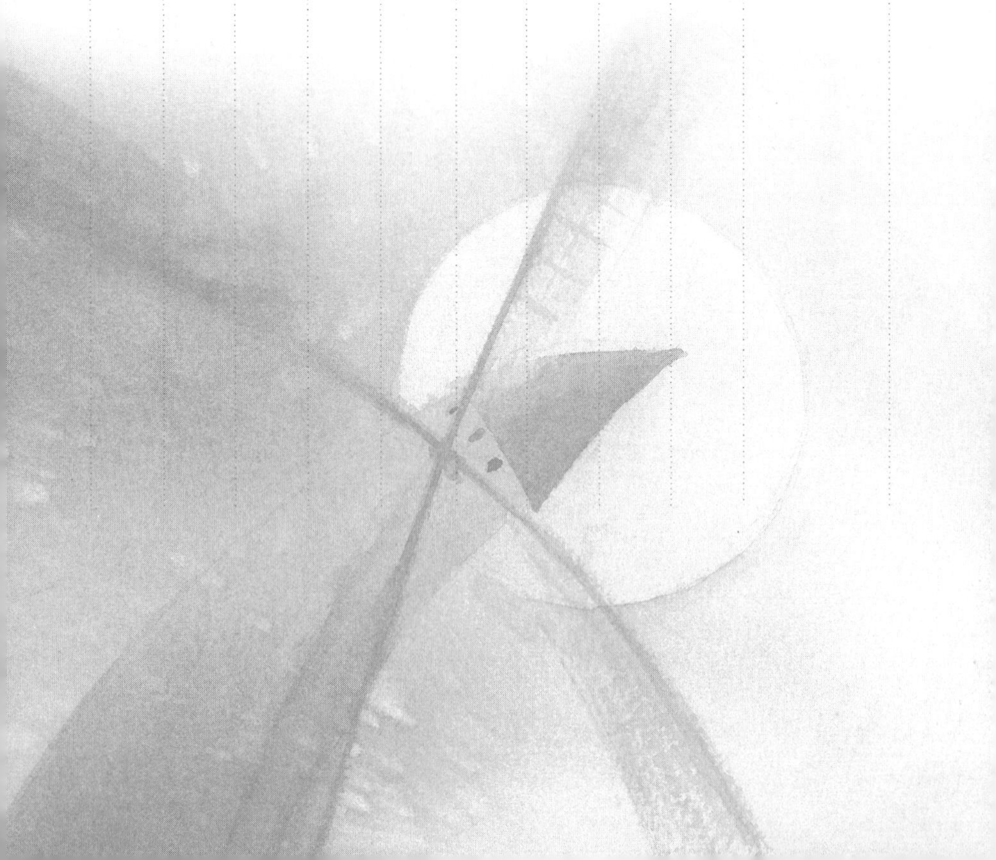

3

青少年的愛情觀

如果將所有談到的青少年特徵考慮在內，我們便可以昇華青少年的男女關係，讓他們滿足歸屬感而走向自我實現的道路。

在很多國高中的輔導室內，普遍存在一個事實：在學校裡去找輔導的學生，事件有百分之八十和愛情有關。畢業後必須奉「兒女之命」而結婚的，一年總有五、六個。我遇過的一位南部國中的指導活動老師很想鼓吹學生的職業觀念和謀生技能，他抽樣地探問學生，學生的答覆不外是：「到時候，爸爸會替我安排。」「學校會送我到工廠……。」

青少年交友的動機

這些事實和台北「張老師」輔導中心處理的個案統計，結果是相似的——感情問題遙遙領先，而職業問題乏人問津。難道說此時此地的青少年只要愛情不管柴米和油鹽嗎？從這些事實看來，顯然台灣青少年的問題已有南北呼應、城鄉一致的趨勢了。

青少年是一個翻雲覆雨的階段，心理學家喜歡用「暴風雨」來形容青少年的感受，這的確有幾分道理。就以他們的角色來說吧！他們要扮演的有孩子、成人、學生、朋友、現實者、理想者等等。而沒有一樣角色他們已經有自主的能力及獨立的基礎，使他們能把角色扮演得好。和弟妹吵嘴時，父母會說：「都已經大人了，還跟小孩子吵架！」交異性朋友時，父母師長又會說：「這麼小就會談戀愛，不知上進的孩子。」當青少年就要聽話，可是又要主動的提出問題。這些各種不同的角色經常發生衝突。因此，青少年最需要的就是在這些衆多混淆的角色中，理出一條路來肯定自己，但是在缺乏適當的輔導下反而承受了許多的壓力。眞是「剪不斷、理還亂」的情況。

這時候的青少年特別需要別人的了解、同情和鼓勵，更需要有適當的楷模。並且對於各種可能的途徑，應該讓他們參與選擇的歷程。父母、教師、輔導員如果不能滿足青少年的這些需要，他們往往尋求「同病相憐」或者「心心相惜」的同輩。「交友不愼」的悲劇，和「以爲互相同情就是愛情」的事件就是這樣產生的。

凡是人都有歸屬感的需求，需要愛、需要關懷。而青少年在滿足歸屬感方面大都是建立在同儕的權力關係上，所以心理學家總是說：「青少年是同儕取向的文化。」我們很容易就可以舉出一些具體的例子：三五成群、勾肩搭背、嘻嘻哈哈，或者以綽號互相稱呼——尤其是損人的綽號——等等。在成人的眼光中，同性之間這樣做是對的，而異性之間這樣做是錯的。這樣的眼光往往有意地劃分同性之間的「友誼」和異性之間的「愛情」。這樣的劃分可能助長了青少年對異性之間的觀念。

同性與異性

青少年的前期是一個同性相吸、異性相斥的階段。這時候的男生尤其喜歡三五成群地嘲弄女生。有一個笑話可以用來說明這種心態：一個小男生看見一個非常漂亮的女生，他回頭向媽媽說：「只要不再恨女生，她一定是我第一個不恨的人。」

然而進入青少年的階段，對異性的興趣眞是「春風吹又生」，而且還特別強烈。這時候他們對異性的觀念是比較容易誇張兩性之間的差異和愛慕。男女間的需求，除了同年齡間歸屬感的滿足，例如同病相憐、「心心」相惜、互相關懷以外，他們也要面對性需求的挑戰。

成人用性愛的眼光看待青少年的異性交友，多半希望給青少年建立一些道德良心，警告他們不可越軌；然而往往強化了青少年異性之間的觀念。這可說是「內外呼應」的情況了，父母師長的指責，只是更促進他們「同病相憐、互相同情」的關係而已。

以上談到的青少年有幾個特徵：

- **以同儕爲中心，建立友誼和地位。**

- 想在錯綜複雜的混淆角色中肯定自己。
- 得不到成人的關懷，而且缺乏適當的角色楷模時，就容易和同輩同病相憐。
- 性意識的覺醒容易讓青少年察覺到兩性的差異，而成人性愛的看法更容易強化青少年的這種觀念，認為男女在一起就是談戀愛。

除了這些之外，我們特別不能忽略青少年其他的幾個特徵。第一，青少年思考的問題常是理想化的行為，及較為未來打算。現實的柴米油鹽問題不是他們所關心的事。所以在輔導青少年時，應該強調「事業」而不是「職業」，是「生涯教育」而不是「名利灌輸」。談到生涯，談到事業，男女之間較理想的關係便成了一生一世的一部分。

第二，成人會禁止青少年和異性來往，並且時時刻刻害怕他們「天下大亂」，這是從道德的眼光來看的。事實上這時候的青少年，大多是遵從社會法則來判斷別人的行為，甚至他們能夠進一步地訂「契約」，遵守契約的行為。到大學的階段，更能「己所不欲，勿施於人」。

成人在輔導時不妨可以做如此的假設，提高青少年的地位，讓他們自己覺得有責任承擔行為的後果。並且讓青少年從討論中了解到社會上男女關係的行為準則，進而使他們學會在雙方的同意下，互相尊重的實際行動。

第三，青少年階段，是他開始發展並且慢慢固定個別技術的階段，諸如：樂器演奏、跆拳道、服裝設計等等。所以在輔導青少年的時候，一方面要發掘他的某些能力和興趣，另一方面則積極地安排環境讓他發展。

如果將所有談到的青少年特徵考慮在內，我們便可以昇華青少年的男女關係，讓他們滿足歸屬感而走向自我實現的道路。我們可以讓青少年不分性別而以興趣組成「學習團體」，就像救國團舉辦的青年自強活動一樣，鄰居的青少年可以這麼做，學校裡更應該這麼做。

這種「學習團體」的組成，可讓青少年發展自己的潛能，大家共同學習技巧、討論未來、討論社會準則。比如說他們可以互相學習如何扮演適當的性別角色，或者和諧的人際關係、加強智慧功能等等。整個學習團體一起來討論這個團體的行爲準則，讓大家互相訂契約、互相督導。

當然這樣的學習團體，需要有愛心、能解惑的成人來做「非指導性的輔導」。青少年可以約三、五個志同道合的朋友、不分男女，組織這樣的學習團體，然後從老師或上司之中邀請較適合的人做爲他們的領導者。如果能這樣做，那麼青少年關心的事豈只是愛情？豈只是柴米和油鹽？應該是他一生一世的成長了！

心得筆記

可以記下你讀了這篇文章後的感想，自我的省視、展望及其他。

4 健康的陰陽人

人是一種複雜的有機體，他可能的性格往往包含許多面，教育的目的便是在培養人類各方面的潛能，所以每個人都可能成爲剛柔相濟、陰陽調和的人。

我所謂的「陰陽人」，不是醫學上所指同時具有男性與女性性器官的陰陽人（hermaphrodite），而是指同時具備男性化與女性化特質的人，也就是剛柔並濟的人。有兩個實例可以說明這種不見容於社會的陰陽人。

一個柔順體貼的男性

馬秀雄是一個討人喜歡而可靠的青年，但是他有了煩惱。在過去的二十二年裡，他給人的印象是積極進取、擅長分析、獨立自足、肯冒險、有主見的人。他的母親卻深知他的另一面，他感情豐富、善解人意、斯文柔順而且敏感體貼。從小學到中學，他一直和男孩子同班，因此很少有機會表現他陰柔面的性格。但是偶爾在回家的路上看到跌倒的老人時，他會滿懷同情地

扶起老人；看見同學欺負弱小時，也會激起慈悲的情懷要求他們不要這麼樣。無形中他成了同學中化解衝突的領袖。

在家裡的秀雄，是媽媽工作和聊天的最佳伙伴，經常他洗菜、媽媽作菜，他還有很多很多的故事可以和媽媽共享。半年前，秀雄的媽媽病倒了，他便把買菜、做飯、洗衣、掃地、曬衣等工作從媽媽肩上挑過來。好幾次他做得正起勁，同學來玩，他一點都不覺得不自在，他的同學卻顯出很不以爲然的神色。

有一次，同學的媽媽在菜市場碰見也在買菜的秀雄，回家後把兒子狠狠地罵了一頓：「人家秀雄這麼孝順，你就知道整天在外面鬼混！」於是秀雄在同學間得了一個「娘娘腔」的外號。漸漸地，認識他的人都有意無意地把他過去的一切和這個外號聯想在一起，他們愈想愈覺得他女性化。有人記得他曾經一面讀報一面流淚，有人記得他在女生面前羞怯的神態……。大家對他的「娘娘腔」由懷疑而肯定，不知不覺間常拿言語嘲弄他。這時候，他變得更敏感、更害羞、更「娘娘腔」起來了。

一位剛強獨立的女性

李玉統是另一個例子。她是一個還沒有出嫁的女子，卻常常問自己：「我是一個嫁不出去的潑婦嗎？」她曾經衝破重重難關，說服貧苦的父母、兄嫂、以及愛管閒事的鄰居，讓她從鄉下到台北讀大學。她有主見，有替自己的信念辯護的勇氣，也有果斷堅強的人格和志氣。她期待自己在接受高等教育後，走入社會開創一番事業。和許多家境清寒的大學生一樣，她靠當家教、領獎學金、寫稿，撐過四年的大學生活。

大三那一年，她在一次社團活動中認識了田廷超。那次他們是去拜訪一家育幼院。他注意到她用輕柔的聲音和孩子們說話，那麼溫柔而善體人意，孩子們都因爲她而快樂了。他發現，自己竟這樣默默地喜歡上她了，而她也喜歡他。半年後他們彼此交換這份欣喜的感覺。

然後，他們一起畢業，廷昭入伍，她憑她的能力和表現，很快的在一家貿易公司找到秘書的工作。那一陣子，她整天忙著接洽業務，到機場接客人，偶爾也陪客戶觀光。社會原來是這樣的！她一下子覺得新鮮，而又失措，四年的大學教育並沒有教她如何應付這個複雜的工業社會。但是，過不多久，她那種在遭遇困難時獨有的分析能力、獨立的性格、冒險的精神及積極的態度立刻使她勇氣百倍，事事處理得有條不紊，她變成一個很傑出的女秘書。

有一次，廷昭從部隊裡放假回來，到玉統的辦公室去接她，準備一起度週末。她那時正和一個喜歡占小便宜的客戶談生意，心裡很急，想盡辦法趕快結束話題，不要教廷昭等久了。廷昭望著她，聽她說的每一句話，眼前的她令他不安，爲什麼她不再是他腦海裡的那個影像呢？那個在育幼院裡的她和這個口齒伶俐的她是同一個人嗎？談話中的玉統不時向他回眸一笑，有時候也善解人意地伸伸舌頭。可是他卻感覺到她的笑裡藏著精明和厲害。他們那次的週末過得

非常不愉快，不久，他們便分手了。

傳統性別角色的刻板要求

馬秀雄和李玉統的苦惱從何而來呢？當人們用傳統的性別角色來判斷這兩個人的行爲時，可以發現他們的確與衆不同，一個是男人而兼有女人的性格，一個是女人而兼有男人的性格。於是人們把傳統對性別角色的要求加在他們頭上，形成壓力。

雖然他們都受過高等教育，而且自信，但是在壓力太大時，不免也要對自己產生懷疑。我們這個社會對男女的要求從他們小時候就顯出差異，男孩子要像個男孩子，女孩子要像個女孩子；男人要做個大丈夫，女人要做個好主婦。甚至連心理學家、教育工作者和精神醫師，也逃不過這種傳統性別角色的刻板印象。

天下的人、物、事是非常複雜的，人類爲了方便，就根據他們過去的經驗，把這些人物事分門別類。以時間的觀念來說，當我們說「過去」、「現在」和「未來」的時候，並沒有否定時間的連綿不斷。其實「今日」是明日的過去，也曾是昨日的未來。再以人性來說，我們說一個人性善或性惡，應該只表示相對的、或多或少的問題，而不是絕對的善惡之分。能夠超越這樣的二分法，是人類的幸福，也是智慧的表現。

生活中最普遍而且誤解最深的二分法，可能是對一個人性格的看法。許多人以爲一個剛強的人，便少有溫柔的機會，溫柔的人便難有剛強的性格。同樣的，「陽」與「陰」也常常被誤解，莫名其妙的對立起來了。事實上，一個健康的人應該是剛柔相濟、陰陽調和的人，也就是同時具有陽剛與陰柔性格的人。

以下二十個項目，就是傳統社會對男性的刻板印象：

1. 行動像個領袖
2. 積極進取
3. 有雄心
4. 擅長分析
5. 果斷
6. 擅長運動
7. 有競爭性
8. 維護自己的信念
9. 支配慾
10. 激烈
11. 有領導能力
12. 獨立
13. 個人主義
14. 易下決定
15. 男性化
16. 自立
17. 自足
18. 具有堅強的人格
19. 有主見
20. 願意冒險

下面二十個項目，則是傳統社會對女性的刻板印象：

1. 感情豐富
2. 快活
3. 孩子氣的
4. 慈悲爲懷
5. 不說粗話
6. 極想安撫創傷
7. 女性化
8. 可奉承的
9. 斯文的
10. 易聽信別人的
11. 愛小孩的
12. 忠心耿耿的
13. 對別人的需要敏銳的
14. 害羞的
15. 說話輕柔的
16. 有同情心的
17. 溫柔的
18. 善解人意的
19. 溫暖的
20. 柔順的

史丹佛大學心理學教授尙達・賓（Sandra Bem）根據這四十個人格特質的形容詞，再加上二十個男女皆適用的人格特質形容詞，例如友善的、快樂的、有良知的，編製一份性別角色的問卷來測驗史丹佛大學一千五百個以上的學生。測驗的結果顯示：約有一半的學生合乎適當的性別角色。也就是說，男的男性化、女的女性化。約有一五%與自己的性別角色相反，也就是男的女性化，女的男性化。約有三五%的學生屬於**陰陽人**，也就是同時具備男性化和女性化的特質。

前面所說的兩個主角馬秀雄和李玉統，就是這種兼具男女性別特質、剛柔相濟的陰陽人。

剛柔相濟小測驗

平常我們所謂的「剛柔相濟」，好像是指夫妻兩個或朋友之間性格互相配合而言。但剛柔相濟有時候也可能是指一個人而言。我們說一個人外柔內剛或是外剛內柔，便是指這種情形。做個剛柔相濟、陰陽調和的人，便是指個人而言，而剛柔相濟的意義也是廣泛的。如果你想了解自己是不是個剛柔相濟的人，下面有個小小的測驗，可以幫助你。

下面有六道問題，每一道問題都有兩種可能的選擇，請選出一個你比較同意的說法。

一、a.我相信利己和利他是相對的。

b.我相信利己和利他不是相對的。

二、a.對我來說，工作和遊戲是兩件相反的事情。

b.對我來說，工作和遊戲是一樣的事情。

三、a.仁慈和無情必定相對。

b.仁慈和無情未必相對。

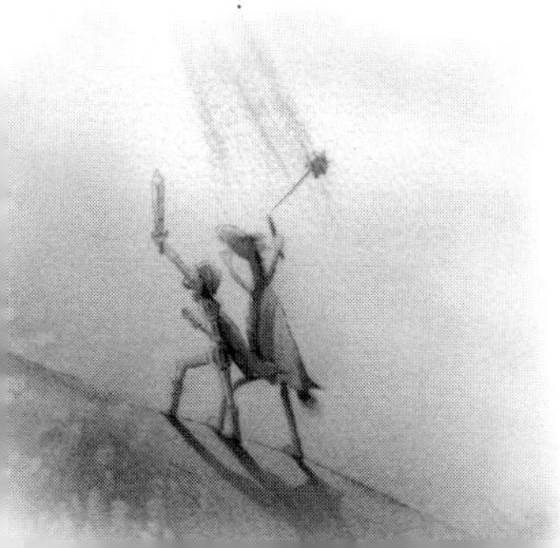

四、a.眞正講究精神生活的人，永遠不會享受感官之樂。
b.眞正講究精神生活的人，也會有享受感官之樂的時候。

五、a.人不是善惡兼具的。
b.人是善惡兼具的。

六、a.對我來說，「現在」是一個島嶼，與「過去」和「未來」無關。
b.對我來說，「過去」、「現在」、「未來」是有意義的連續。

如果你對上面的回答都是b，則符合「剛柔相濟」者的情況。平常我們可以觀察到，小孩子常把人分成兩種，如「好人、壞人」，「善、惡」等等。其實在很多情況下，人是兩者兼具的。

一個仁慈的人，也常有鐵面無私的時候；一個身經百戰的勇士，有時候也會摘一朵小花送人。你剛才的答案如果都是b，就表示你不是用二分法來區分天下事，而且還有超越二分法的可能性，使自己比較有綜合的能力。

人是一種複雜的有機體，他可能的性格往往包含許多面，教育的目的便是在培養人類各方面的潛能，所以每個人都可能成爲剛柔相濟、陰陽調和的人。我們不應該特別把角色極端的二分。每個人都有剛強和溫柔兩種可能性格，只因爲學習的環境往往使它們沒有機會同時發展。

教育便應該提供它們同時發展的機會。

如果教育失敗，則剛愈剛，柔愈柔，我們會發現一些不必要的麻煩的。根據研究的結果，極端陰柔的女人比較不容易接受自己，缺乏自尊，焦慮感也比較高，創造力則較低。而極端陽剛的男人到成年之後反而難以接受自己，容易焦慮，得到精神官能症的機會較大，創造力和智力也有較低的傾向。

男中有女，女中有男

我們中國人向來以「嚴」形容父親，以「慈」形容母親。但是一個對孩子有強烈愛心的父親，若是他說話的聲音輕柔、有些孩子氣，而且顯得快活敏感，他仍是一個「健康」的父親，絕不是一般人所謂的「女性化」。一個母親嚴格地告誡子女做人處世的道理，她也是「健康」的母親，不能因此說她不是慈愛的母親。

整個文明的推進，是人類共同努力的結果，其中獨創性的觀念卻常常得自「陰陽人」。兩度獲得諾貝爾獎的居禮夫人的果斷、堅持、獨立自主，和她的溫柔善感同樣地家喻戶曉，秋瑾（1875-1907）雖然「身不得男兒烈，心卻比男兒烈」，也並沒有失去她女性的特質。再從中外歷史傑出的男性來看，他們也大都具有一些女性的特質。

從教育的觀點來看，我們的目標在強調「知識的」、「情感的」及「體能的」。所有的男性

及女性都應該朝這三方面均衡發展。如果男學生在情感教育上表現突出，女學生在體能教育上成績優越，這都是値得鼓勵的。不應該認爲他們「男不男，女不女」。

在幾篇有關「父母親人格特質與子女創造力的關係」的研究中發現：如果父親的性格傾向女性化，而母親的性格傾向男性化，他們的子女創造力較高。從這些研究結果可以看出，「陰陽人」的潛能有較多發展的可能，他們的子女也將深深受益。

「陰陽人」是健康的，這個觀念有待普及。從消極方面來看，可以使許多人免得因性別角色的刻板印象而遭受困擾。從積極方面來看，可以使得人類的生活更自由、更快樂。

心得筆記

可以記下你讀了這篇文章後的感想，自我的省視、展望及其他。

第六篇

理想的反挫

青年在追求人生的四個大夢時，往往不都是一帆風順的：環境的因素、個人的因素或衝突的情境等，都可能讓你達不到既定的目標，挫折感也油然而生。

挫折既不可免，如何做才是最有建設性的適應呢？

找出挫折的原因，我們才可能運用各種方法化挫折爲昇華，接受自己的現狀，進而讓昇華的經驗影響更多的人。

山重水複疑無路，柳暗花明又一村。

——陸游，〈遊山西村〉

登高山復有高山，出瀛海復有瀛海。

——梁任公

我真想去爬一棵赤楊樹，沿著雪白的樹幹，爬上黑暗的樹枝，一直望上爬向天國，直到這棵樹再也載不動我，只好把樹梢點向地，把我再放下來。

——佛洛斯特，〈赤楊樹〉

1

挫折感的來源與徵候

每個人在一遇到挫折的時候，行爲上可能會表現出一些特徵，我們由這些行爲的徵候，可以推論一個人是否有某種程度的挫折。

每一個人，尤其是年輕人，常常把夢頂在頭上，除了四個大夢之外，還有許多細細微微的小夢。這些夢可以說都是你預期要完成的目標。不論是好高騖遠，或是具體可以達成的夢，都是你要完成的目標。在完成目標的過程中，任何阻礙，都可能造成你心理上的挫折感。

比如說你預期青年的四個夢，大概和瓊瑤的六個夢有關吧！其實根本不是，你也可能有挫折感。每一個人都能忍受某種程度的挫折感，有些人忍受的程度比較高，有些人則比較低。

挫折感的來源

一個人在達成目標的過程中受到阻礙，便會產生挫折感。那麼，哪些因素造成挫折感呢？第一個是環境的因素，第二個是個人的因素，第三則是衝突的情境。分別說明如後：

一、環境的因素

(1)時間的因素：一個人進入中年以後，如果沒有什麼成就，覺得非常遺憾，那麼他很可能生活在過去的世界裡和對未來的憧憬中。如果他是活在過去的世界裡，會產生兩種現象，一種是遺憾、抱怨過去，為什麼沒有好好努力！感歎著「少年不努力，中年徒傷悲」。

另一種則是不滿現狀，回憶過去那些美好的日子。「唉！想當年英姿勃發，氣吞萬里如虎。」日子總是過去的好，人心總是不古。如果他把希望寄託於未來，則常常把希望變成事實來敘述。比如說他希望寫小說，可是怎麼都寫不出來，於是他說：「我在寫小說了。」事實上根本沒有動筆。甚至說：「我已經寫了小說了。」把夢想當成事實來欺騙自己。

造成這樣的情形，時間可能是一個重要的因素。每一個人在成長的過程中都有一些成長的關鍵期。青少年時期就是一個關鍵，在這個關鍵期，也可能造成一個人的挫折感。

比如在青春期的時候，男女生理上的變化可能造成一些驚喜，也可能不好意思。尤其是比別人早熟時，可能更覺得坐立不安。我們這個社會，早熟不見得是一件大家讚許的事情。在吊單槓的時候，吊了一半，突然趕快把手放下來，有經驗的人便知道這是怎樣的情形。

高中畢業進入大學這個階段，課程由一般化進入分化的階段，選組選校是個令人困擾的問題。你一腳進入大學的門，差不多就決定你的半生了，所以選擇的時候必須慎重。

到中年又有中年人的危機。比如說有一個叫賈可斯（E. Jaques）的精神醫師，他研究許多有成就藝術家的生活，發現這些人死亡的年齡最多的是在三十七歲。我自己三十七歲時也面臨了這樣的危機。我面臨危機時，第一件事便是馬上跑到國外一年，冷靜下來，我就可以跳出來看自己。結果我度過了。三十七歲是一個很重要的關鍵。《卡門》（*Carmen*）的作者比才（Georges Bizet, 1838-75），死的時候就是三十七歲。倒不是說一定就是三十七歲，四十歲左右這個年齡，就可能造成中年人的危機。危機來臨時，很可能造成一個人的挫折。每個人生長的過程中，時間是造成挫折的原因之一。

(2)空間的因素：當你身在此地，心裡卻想著另外一個地方的人，兩地相思，很顯然是「空間」造成你的阻礙。「遠水救不了近火」，空間的差距常是問題不能解決的原因。所謂「床前明月光，疑是地上霜，舉頭望明月，低頭思故鄉」，你想回家卻不能回家，這也是一種挫折。

(3)自然環境的因素：水災、風災、地震都會造成一個人的挫折。記得父親對我講過一句話，他說：「你不要以爲你爸爸不會賺錢，每年賺的錢都漆在屋頂、房子上了。」我家在宜蘭的壯圍鄉，每次風災、水災，我家那邊大都會遭殃，辛辛苦苦一年的所得，大概只能拿去修房子了。這種水災、旱災等自然災害會造成一個人的挫折。比如說，你明明寫好了一本書，來了場水災，把你的稿子淹掉了，你的作家夢也完了。政大研究所學生就有過這麼一個經驗，好不容易東讀西讀，把資料摘成卡片，一場豪雨下來，全部付之流水。這種挫折非常大，這就是自

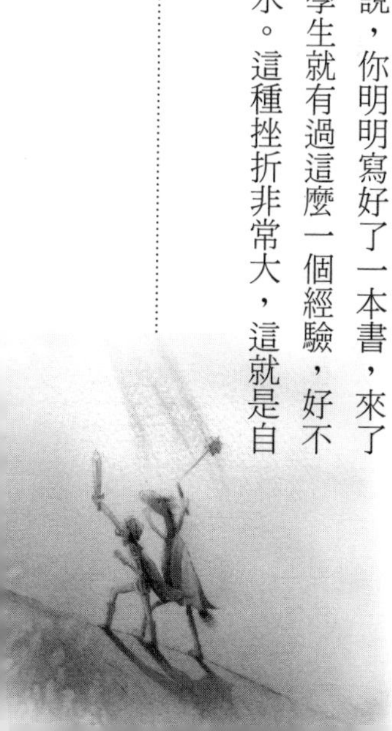

然環境造成的挫折。

⑷社會壓力的因素：社會壓力造成的挫折是很普遍的。最常見的例子是兩家聯姻，因爲門不當戶不對，造成各分東西。這種門當戶對的觀念，便常常造成人際交流的阻礙。羅密歐與朱麗葉、賈寶玉和林黛玉的例子便是。連台北的高中學生也有這種情形，建中與北一女、中山女中和附中、景美女中與成功中學，當然這是門當戶對的一個新而不可喜的現象。

父母親對你的期望、社會對你的期望與自己的期望不一致的時候，就會產生這樣的挫折。比如說：有人的父母親希望他讀醫，可是他的興趣不在讀醫，父母的期望就變成社會的壓力。

這種現象不止現在如此，以前也是。柴可夫斯基最初學的不是音樂而是法律。因爲他家裡一定要他學法律，結果他到二十二歲才決定照自己的意志做事情，於是才去讀音樂。

音樂家魯賓斯坦（Artur Rubinstein, 1887-1983）的故事也是一例。他喜歡鋼琴，很小的時候家人買鋼琴回來，他就興奮得不得了，以前調皮搗蛋的行爲都消失了，他覺得鋼琴是他的生命。可是他爸爸覺得鋼琴是坐著彈的，女人才彈鋼琴，男人應該拉小提琴。他爸爸好不容易買了小提琴給他，他卻把它摔掉，只要鋼琴。像這種情形，同樣是學音樂，也會因父母而造成壓力。魯賓斯坦還算幸運，他那種直接攻擊的方式居然被他父母接受了。很多情形並不是這樣的。

我記得有一位朋友，在學校成績很好，家裡一直希望他唸醫學院，等到他唸到醫科五年級時，家裡的人又希望他將來做外科醫師。因爲讀外科錢賺得多，你看刀下鈔票滾滾來。可是他實習的時候，在醫院看到屍體就怕，見到血更是無法忍受。他自己喜歡思考、舞文弄墨，常常弄得一身墨水。最後他終於不讀，後來怎麼樣我就不知道了。家裡的壓力給他很大的挫折。他自己小小的夢想並不難實現，可是社會的壓力卻使他無法如己所願。背負了太多的期望，對一個人不一定是好的。

除了以上所講的環境的因素外，個人的因素往往也是造成挫折的原因。

二、個人的因素

(1)個人將目標訂得過高：心理學上有一個名詞叫「懼怕失敗」，一個常常說這只是我的理想太高，不是我不能做、或者我不願意做。這樣的人是因爲他懼怕失敗；就因爲他懼怕失敗，所以常常把目標提高一點，這樣便永遠有一個很好的藉口說——並不是自己無能，而是因爲目標太高了。青年人在不了解實際情況的時候，常常會把夢想頂在頭上，那就是目標過高，也是所謂的好高騖遠。

現在企業界最傷腦筋的一件事，就是大學生剛剛畢業，人還沒有進入公司工作，就已經想離開了。原因是他希望進去學個經驗，將來再求發展。當然在追求女生的時候可以說：「天涯何處無芳草。」而女生可以說：「天涯何處無壯樹。」找工作的時候可以說：「天涯何處無工作。」只要有技術、有能力，哪裡找不到工作？然而，離開學校做了工作以後，常常發現那和

自己想像的不一樣，工作比想像中的忙而無聊。自己的意見別人又不重視，於是就想離開，結果一年換了幾次工作。像這樣子，就無法學到怎樣敬業，也沒有機會發現自己在這困難的環境中有沒有辦法接受挑戰。這種好高騖遠的態度，便成了企業界頭痛的問題。

(2)個人對情境的不了解：追求的夢，往往只是籠統的、不具體的。對於與自己不一樣的人的情況，往往缺乏了解，那麼就會因為與自己的期望不一樣而造成挫折。尤其在追求第四個夢的時候，我們國內常常有這樣的情形，就是開始戀愛時，常常是情人眼裡出西施，而且約會的對象往往是在舞會中暗暗的燈光下碰到的。由於情人眼裡出西施，就愈看愈有趣，只往好的方面想。等到兩人交往一段時間後，就像反向的鐘擺一樣，從這面擺到那面。於是就往壞的方面想了，開始看對方的缺點。兩個人就互相攻擊：「哼！那麼多人追我，為什麼要和你這種男人交往，馬不知臉長。」「哼！你才是廁所裡化妝——臭美。」兩個人便愈吵愈兇，原因可能就是對異性不能了解。

同樣的，在追求第三個夢的時候，也是因為對職業的眞正情況不了解，而發生挫折。社會上需要人才，而學校的畢業生也各有所長，應該是不會沒有工作的。但是卻有那麼多人學非所用，用非所學，我想對職業的實際狀況不了解可能是個重要的原因。

記得當年政大的阿拉伯文組沒人要讀，一個人讀阿拉伯文有什麼出路？除非他另有機會或才能。可是現在不同了，自從石油變成大家關心的問題後，阿拉伯文也變成大家喜歡的語文。

這就是因爲當時大家不曉得怎樣預測，多少年後我們可能需要哪一種語言的人才。我們對實際狀況不清楚，在追求的過程中，便很可能因爲這樣而產生挫折。

(3)性向的問題：大學生最常埋怨的兩個問題，一個就是「大才小用」，另一個就是「學非所用」。其中一個原因就是我們沒有好好的讓年輕人了解他們的性向是什麼？能力是什麼？學什麼最有效？前面提到的魯賓斯坦、柴可夫斯基，都很清楚自己的性向在哪裡，興趣在哪裡，所以即使有那麼多的挫折，他們還是有機會發展。能了解自己的性向和能力之所在，常常就能克服外來的阻礙。

我們應該蒐集資料，讓每一個人了解自己的性向和能力。每一種職業所需要的性向是不同的。比如說你想進廣告界，做廣告也有好多種類，有的需要創造力，有的要研究的性向，並不是每一個人都一樣的。如果你想當老師，教書的人則要能夠讓學生感到他是溫暖和關心的。也許每個人都會說我是關心別人的；但是要讓對方能感受到則是個很大的關鍵。所以一個成功的老師是要了解自己是否具有這方面的能力。能夠了解自己，才容易使自己把工作做好，比較不會有挫折感。

(4)生理上的缺陷：一個人身上的缺陷也可能造成挫折，但是如果克服缺陷，往往會有意外的收穫。《汪洋中的一條船》的作者鄭豐喜便是克服身體上的缺陷而成功的例子。我記得當初讀這本書的時候，書中提到他讀中學沒有錢繳學費，就努力工作賺錢，可是他的腳不能站立，

只好爬在地上沿門挨戶找工作，暑假就賣糖果、冰棒、氣球等兒童玩具。讀到他掙扎爬去工讀那段的時候，眞是非常的感動，當時淚水就流入嘴裡了。我想，我們天生比他幸運得太多了，我們不應該再埋怨過去，應該好好地把握現在的資源。

我還記得另外一個克服殘障而成功的故事，比起鄭豐喜來他可能更不幸。以身體的殘缺而言，鄭豐喜克服了肢體的殘缺後仍然有行動的自由。可是他由於一場車禍和誤醫，造成全身癱瘓，連十指都不能伸屈，必須整年賴在床上。他就是劉岩田先生。

車禍以後，他的運動機能雖然喪失，奮鬥精神卻更爲昂揚。他決心寫一本書，可是十指連握筆都不行，這在別人看來完全是不可能的。可是堅強的意志辦到了，他用錄音，別人先把錄音機的麥克風放在他口袋裡，然後他講下來請別人抄，抄好了再用錄音逐句逐段改，然後再抄再改……估計完成一篇小品要花二十天以上的時間，在這種辛酸艱苦的過程中，他終於出版了《向癱瘓挑戰》一書。在這本書中我們可以看到他如何地對抗命運，如何地突破各種極限的可能性，他的坦誠和勇氣，終於超越了缺陷。

能夠克服缺陷而成功的人，無論中外都有不少。大家熟知的美國總統老羅斯福，小時候便得過小兒痲痹症。美國相當受歡迎的男芭蕾舞星魏勒拉（Edward Vallera），原來也是一個腳受傷的人。那時他的姊妹正在學芭蕾舞，他就想和她們一起跳舞把腳練好。當時男孩子是不大跳芭蕾舞的，可是他仍然鼓起勇氣去練舞。結果他的姊妹對學舞沒興趣了，他反而由練習中培養出對芭蕾舞的熱愛。同時腳也在練習中矯正了，更沒想到，後來他竟成爲最受歡迎的芭蕾舞星。許多成功的芭蕾舞星，小時候腳都有一些毛病，然而他們卻能克服缺陷而得到意外的成就。

我自己也有同樣的經驗。我的腳是X型的，小時候同伴就喜歡取笑我，學我走路的樣子。原先我很生氣，又不是我自己願意這樣的，爲什麼要笑我？於是我就下決心要練腳，把腳練得直一點。我家剛好在海邊，空間很大，空閒時我就到海邊拚命地跑。有時候實在很生氣，就一直打腳，想把它打直一點，但這是沒用的。

後來又想出一個方法，在兩棵樹上打兩個小洞，再把竹竿放進去，練習跳高，拚命地跳。有一次學校開運動會，每一個人都要參加。我知道自己起跑不行，不願意參加一百公尺賽跑。還有跑太長也不行，想來想去只有跑兩百公尺了。結果那一項我把校隊都打倒，最後得到第一名。那時眞是嚇壞了觀賽的人。這個成績就是我在訓練自己的過程中所得到的意外收穫，而且後來也發現自己喜歡起舞蹈來。

除了環境因素和個人因素之外，衝突的情況也常常是造成挫折的原因。

三、衝突的因素

記得趙元任的一首小詩：「也想不相思，以免相思苦，幾度細思量，寧願相思苦。」前半段就是在講衝突的情形，這是一種「趨避衝突」。後半段告訴你怎麼解決這個衝突。一個人產

生衝突的情況有好幾種，比如說：讀大學時，你很想專心向學又想交個異性朋友。讀書和交異性朋友都是你想要的，你又覺得只能選擇一種，魚與熊掌不可得兼，這是一種「雙趨衝突」。

另一種情況，假如你是男生，交到一個女朋友，接觸過幾次後，發現兩個人該談的話都談完了，然後每次見面時，兩個人就坐在那兒你看我、我看你。你很不願意如此，可是沒有她的話，一個人坐在那兒更寂寞。這兩者都是你想逃避的，這叫「雙避衝突」。

當然，人在追求夢的過程中，比上面講的這些情形要複雜得多，所面臨的衝突也可能更麻煩、更難以決定。在衝突的情境下，我們常常會感到爲什麼「天不從人願」，而有挫折感。所以衝突也是構成挫折的因素。

挫折的可能徵候

人在遭到挫折的時候，怎麼樣才能看出這個人有挫折呢？或者說我們怎麼知道自己有挫折了呢？每個人在一遇到挫折的時候，行爲上可能會表現出一些特徵，我們由這些行爲的徵候，可以推論一個人是否有某種程度的挫折。

一、缺乏安全感

人在挫折的情況下，往往缺乏安全感，以爲別人可能都在攻擊你、諷刺你。平常別人講你你也許都無所謂；可是現在別人講你：「啊呀！你今天頭髮好漂亮呀！」你卻說：「你一天到晚就在諷刺我。」這時候，你可能有某種程度的挫折了。

也許你不知道挫折的原因是什麼，挫折的程度有多大，但是由此可以推知，某些東西是你想要達成而無法達成的，你有些挫折。

二、多疑

挫折時的第二個徵候是多疑，對事情總是疑神疑鬼的，因爲多疑所以常有嫉妒的現象。有一個例子正好說明多疑的現象。一位女生和一位男生要好，有一天晚上男生出去了，這個女生打電話找他沒找著，第二天就興師問罪而來。

女的問：「昨天晚上十一點打電話給你，你都不在，到哪裡去了？」

男的答：「我和表妹出去了。」

女：「你跟表妹出去了！」聲音顯得很遺憾。「你跟表妹出去幹什麼？」

男：「我們去看電影啊！」

女：「什麼？你們去看電影！什麼電影？」

男：「《兩小無猜》。」

女：「那你們坐在一起是不是？」

男：「她坐在我腿上。」

女生聽到這話就氣哭了，一邊哭一邊跑開。後來才知道坐在那位男士腿上的表妹才四歲。這位女生打電話找不到人，心裡便有某種程度的挫折。一個人在挫折時，常因多疑而嫉妒，尤其在追求第四個夢的時候，最容易有這種現象。

在所謂「羅曼蒂克的愛」的因素中，有一個因素便是占有慾。占有慾強的人常干涉對方，因爲想占有，所以自然不希望別人占有他。那麼常常會小題大做、東問西問，總是心在狐疑。這種現象在追求第四個夢時的挫折感表現得最明顯。

三、報復

如果一個人想報復別人，他可能有了某種挫折感。如果別人要對你不好，故意給你挫折，而你卻沒有挫折的感覺，你是不會想到報復的。所以如果你時時想對別人施以報復，那麼你該知道自己可能有了挫折感。

四、批評與埋怨

動不動就批評別人的缺點，看人只看別人的短處，見了人總是挑剔毛病：「哎呀！你怎麼又胖了？」「哎呀！你的牙齒怎麼暴成這個樣子呢？好像聯合暴呀！」

另外一種情形就是埋怨。埋怨別人對自己不好，或者埋怨自己。怨天尤人便是。過去我自己有一段時間也常常埋怨別人，總覺得我付出好多感情給別人，不是俠義的那種感情，卻沒有得到回饋，好像別人對不起我。有一天，我聽到自己埋怨的聲音，感到很害怕。覺得自己過去一向都是看別人優點的，怎麼會突然埋怨別人了？那時我就知道是人到中年的問題，於是我便想辦法解決它。因此，一個人總是批評或埋怨別人時，很可能他有某種程度的挫折。

五、依賴性

當你一遇到挫折時，就很容易有依賴的行爲。比如說一個人生病了，他便開始依賴別人，很多人在病床邊談愛情，一般來講，這種「枕邊細語」是值得商榷的。因爲人在生病時是一種挫折，挫折的時候便很容易依賴溫情。那時候誰給你依賴，你就感激誰。在一個願打一個願挨的情況下，很容易一拍即合。可是病好了，出院了，很可能發現原來病榻的人，卻是個性很強的人，需要的是別人依賴他。那麼雙方都把對方當成「病榻弱者」，而自己是「強者」，兩人性格上是交錯的，這種「病榻之戀」是令人懷疑的。

六、工作效率降低

挫折時常常不能專心工作，心有旁騖，所以工作效率會降低。一個人常常埋怨讀書不能專

心，讀書的時候想玩，玩的時候又想讀書，這都可能是因爲某種挫折的緣故。高中生沒有考取大學，在補習班的那一年，最容易在唸書的時候想去玩，而玩的時候又帶一大堆書。補習補得頭昏腦脹，就想去「抓住一個春天」。

七、優柔寡斷

優柔寡斷就是說，個人的需求和周遭的環境不能配合。換句說話，當你向別人要求什麼東西的時候，本來可以很自然地要求的，結果你不敢。當別人對你做不合理、不合法的要求時，你是可以拒絕的，可是你卻不好意思拒絕。這就表示你優柔寡斷，這也是一種挫折的徵象。

前面所談的七點，都是一個人遭受挫折時，行爲上可能表現出來的徵候，如果我們自己的行爲表現出這些現象時，便應該檢討一下自己是不是有某些挫折了。如果你發現自己有了挫折該怎麼辦？這便是下文「適應」的問題。

心得筆記

可以記下你讀了這篇文章後的感想，自我的省視、展望及其他。

2 挫折的適應

一個人在遭到挫折的時候，就是面臨一種「危機」。能夠把握住機會的人，則能爭取成功，因此往往是採取比較建設性的適應方法。

適應挫折的方法，一般來說可分爲兩種：一種是屬於破壞性的，另一種是屬於建設性的。人文主義的心理學家馬斯洛講過一句話我很欣賞，他說：「一個人面臨危機的時候，如果你把握住這個機會，你就成長；如果你不把握住這個機會，你就退化。」中國有句話：「逆水行舟，不進則退。」和這個意思很類似。

「危機」這兩個字，可以是「危險」加上「機會」的意思。甘迺迪當美國總統時，正遇上「古巴事件」。甘迺迪很傷腦筋，不知如何應付才好，當時我國駐聯合國的代表蔣廷黻先生去見甘迺迪，就送給他這兩個字的解說。蔣廷黻說：「英文裡的 Crisis，相當於中文的『危機』。你們現在面臨 Crisis，如果以兩個中國字來表示就是遇到『危機』，危機是表示『危險』加上『機會』的意思。」甘迺迪聽了突然領悟。他說：「我不應在危險中沈迷不悟，我應該想到每一個危險都是我成長的機會，只是看我怎麼把握。」

一個人在遭到挫折的時候，就是面臨一種「危機」。不能把握住機會的人，則常在危險中失敗，而採取的適應方式都是比較破壞性的。能夠把握住機會的人，則能爭取成功，因此往往是採取比較建設性的適應方法。

破壞性的適應方法

一、攻擊

攻擊可分爲直接的攻擊和間接的攻擊，也可以分爲口頭的攻擊、文字的攻擊或是動作的攻擊。

當一個人對你說：「你看你，怎麼搞的，一天到晚就是不三不四的。」你聽了很生氣，啪地一拳打過去，這就是一種直接的攻擊。青少年常用這種方式來適應，一言不合就大打出手。也許他們並不想用打的方式來適應挫折，可是在過去的經驗中，並沒有學會使用其他更好的適應方式，所以就用最直接的方式——打。結果覺得很有效，打，不但暫時解除了挫折感，同時還使很多人怕他。因爲我們這個社會還是有很多人怕硬不怕軟，那麼就剛好強化了他破壞性的適應方式。這是很不幸的事情。

有時候直接攻擊不一定用打的方式，也有用文字或口頭攻擊，也就是用罵的方式。這種例子太多了，小至小男孩和小女孩鬥嘴，大至文人打筆戰都是用這種方式。

當然，攻擊的方式還有間接的攻擊，「指桑罵槐」便是間接攻擊的方法之一。記得以前我家對面住了一家有錢人，他家的女兒嫁了一個軍人。當時認爲嫁軍人是沒有保障的，而這個女兒是師範畢業生，在那時候學歷算是很高的，他家對於這個女兒也是沒有什麼可挑剔，於是母親便會指著才幾歲大的小女兒說：「你還吵！如果長大了嫁給軍人，就把你剁碎餵給豬吃。」這便是一種間接的攻擊。另外，扯人家後腿也是一種很普遍的間接攻擊方法。

二、找替罪羔羊

在青少年階段，尤其是中學的時候，正在尋找一位「導師」，那時便有些人喜歡在老師的面前打小報告，想爭取老師的寵愛。這樣的做法常使其他的人感到挫折。因此這個人往往成爲同學的替罪羔羊，遇到事情，大家最喜歡攻擊他。於是他更以老師做他的保護者，老師也就更保護他。這便形成惡性循環。

另外有一種人，在青少年時往往因爲是屬於脆弱型的人，便容易成爲大家的替罪羔羊。我自己小時候也常常成爲很多人的替罪羔羊，不是因爲打小報告，而是因爲換老師後成績突然進步。我讀小學一年級的時候，老師算成績是以學業成績和操行成績加起來求平均的。那時老師喜歡口齒伶俐、衣服漂亮的小孩，而我總是怕羞、不敢講話。老師總覺得我這個人很討厭，所以操行成績不會好，加起來平均總在二十五名左右。

後來換了一位叫陳柿的女老師，她知道我是怕羞而不是不會，而且她把學業成績和操行成績分開來算。因此，我的學業成績一下子跳到第一名。其他有些同學就很不服氣，於是聯合起來整我，故意選我做班長，因爲他們知道我怕羞不敢喊「起立」，而且在回家的路上攻擊我。他們爲什麼會把我當成替罪羔羊，是因爲他們挫折的緣故。

三、逃避

如果一個人說：「唉！我又失戀了，我要出家了。」那麼他就是有逃避失戀事實的意圖。一個不果斷的人，當他被人攻擊、被人批評時，往往不敢面對現實，見到批評他的人就躲開，這就是逃避。

心理學上有一種概念叫「逃避成功」。一個聰明漂亮的女生，到大學快畢業的時候，可能有這種現象，就是懼怕成功。尤其她戀愛的對象是班上的同學時，她會想：如果成績總是比他好，他會怎麼想呢？如果我在各方面都很「成功」，別人會不會認爲我沒有「女人味」？於是她便盡量避免成功。在學業上因爲受過去教育的影響很想名列前茅，但是又怕考高分男朋友會不喜歡她。這就是懼怕成功的現象，也是挫折後的一種適應方式。當然並不是每一個人都是這

樣子的。

四、合理化

日常生活中用合理化的方式適應挫折是很普遍的。「吃不到葡萄說葡萄酸」、「非不能也，不爲也」，自己拿到檸檬，卻說：「檸檬好甜喲！」這些現象都是合理化。有些知識份子最會使用這種方式處理自己的挫折。換句話說，這種人在遭受挫折後，很會找理由、找藉口替自己辯護。

五、投射

自己失敗或遭到挫折了，卻不肯承認錯誤或缺點，而把這些錯誤和缺點投諸別人身上來攻擊別人，這就是一種投射作用。

人進入中年以後，身體很容易胖起來。有的人非常害怕自己胖了，於是見了人便說：「哎呀！你怎麼胖了。」如果你仔細看看他，其實是他自己胖了。因爲他不願意接受自己胖的事實，於是就投射到別人身上，這便是因爲挫折的關係。

有的人喜歡說別人很笨，可能是他不滿意自己的智商。有的人喜歡數說別人的不是，也可能他自己便有這種缺點。所以，別人在批評你的時候，也許並不是你的好壞的問題，而是他在用「投射」的方法。

六、壓抑

中國人常說：「日有所思、夜有所夢」，夢常常是我們日常生活中想要而得不到的東西壓抑而成的。很多心理學家認爲每一個人都會做夢，佛洛姆（Erich Fromm, 1900-80）甚至稱夢爲「被遺忘的語言」。人受到挫折時，常藉著有意的遺忘或不去察覺，以免某些事可能帶來不良的後果或不愉快的經驗。這便是壓抑作用。但是被壓抑的事，還是會從潛意識裡繼續影響一個人，所以壓抑並不是適應挫折的一種良好方法。

七、反向

有的人遭受挫折後，故意做出與原有衝動相反的行爲，這種過程就是所謂的反向作用。比如說一個非常愛清潔的人，常常是一種反向的行爲，可能他是一個非常髒的人。我就遇到過這種情形，有一個人認爲自己很乾淨，一天到晚洗澡，結果他洗澡常常沒有洗乾淨，只是用水一直沖。原來他小時候很髒，以後他就用相反的行爲來掩飾這種挫折。甚至他還不止用反向作用，還用「投射」，認爲別人一點都不乾淨。

前面講的這七點都是比較具破壞性的適應方法，當然可能的方法不止這些，只是這些比較常用而已。

除了破壞性的方法外，還有建設性的方法。剛開始提到每次危機或挫折都隱含著成長的機會，我們若不能把握這個機會，則往往用破壞性的適應方法；但我們若能把握這個機會，就會採取比較建設性的方法。接著我們來談談建設性適應挫折的方法。

建設性的適應方法

一、再接再厲

就是在遇到挫折時，勇往直前。你的目標不變，方法不變，而努力的程度加倍。有的人在追尋第三個夢時，便是採取再接再厲的方法。考大學的話，第一年不取，第二年再考，第三年再考，終於金榜提名了。追求第四個夢時也有同樣的情形。羅家倫先生便是很好的例子，目標不變，方法不變，對象不變，他最後達到他的願望。

二、代替

就是改變原來的目標，由較接近的目標代替。這也是適應的方式，姊姊娶不到娶妹妹，或者因爲身體的關係不能做舞蹈家卻做了編舞者。也許你會發現新的目標並不比原來的目標差。當然，在追求第四個夢時，可能那個目標並不是你要的，或者對你不適合，這種方法倒是不一定適當。

三、迂迴戰術

就是目標不變，而方法改變了。條條道路通羅馬。譬如男孩子追求女孩子時，如果第一次吃閉門羹，不要馬上產生挫折感，覺得沒有希望了。你可以「再接再厲」，但也可以採用「迂迴戰術」。

比如說，第一次約她看電影，她說有事不能去。你也許可以找其他的方法約她，你可以假「公事」以濟「私」，向她求教功課，或者每天一封情書。總之方法之妙存乎一心。

台大楊國樞教授在國內曾經作了一次調查，發現大部分的女生第一次都不馬上答應男生的約會。她們並不是不喜歡，也許是她們覺得馬上答應太便宜了男生。所以男生若一次不成，大可不必氣餒。

男孩子約女孩子時，時常表現得很緊張。尤其是碰到喜歡的女孩時，更是張口結舌說不出話來。這剛好讓她看到你的弱點，而你的優點她就看不到了。這時候你不妨靜下來，誠實的把自己的優點列出來，如果你發現自己的文字表達很不錯，不妨以寫信開始，感覺什麼就寫什

麼。不要寫些春花秋月漫無邊際的話，這樣的成功率是很大的。

如果你發現自己的領導能力很強，則不妨辦個社團活動表現出你的優點，也許你就會得到心上人的青睞。總之，遇到目標受阻時，不要一成不變的用老套追求。目標不變，方法可以改變，這是我們常常忘記的一件事。這裡講的雖然是第四個夢的追求，事實上，讀書或其他的事情也是同樣的道理。

四、重新確立問題

有挫折的時候，靜下心把可能的原因列下來，把可能的解決方法和結果也列下來。重新確定問題之後，你也許會發現所擔心的問題已經不是問題了，自然所遭到的挫折也就解決了。

前面提到那個女孩打電話給男朋友，沒找著，而男朋友說與表妹去看電影了。如果她打電話找不到人，在挫折的時候能安靜下來確立問題，每個人都可能臨時有事，不可能整晚都在電話旁等你。可能有很多原因使他晚上出去，把問題澄清一下，最後發現根本沒有問題，那麼使你挫折的因素也自然消失了。

五、昇華與創造

從佛洛伊德（Sigmund Freud, 1856-1939）的觀點來看，所有文明的產生就是人遭受挫折後的昇華。昇華的確是受到挫折後一種建設性的適應方法。但昇華也許並不是人類創造文明的唯一方法，它只是其中之一。昇華的例子很多，我舉一個例子說明：現代舞蹈大師鄧肯便是一個昇華的好例子，鄧肯的一生物質非常貧困，家庭問題、社會壓力，應該都是造成她挫折的因素，可是她卻能突破而感受到成長的喜悅。鄧肯所跳的舞常常和她的挫折有關，有一次在匈牙利聽到七個烈士殉難的故事，她非常感動，馬上跳起李斯特（Franz von Liszt）的《狂想曲》來紀念他們。這是一種昇華作用。

所以一個人遇到很大的挫折時，喜歡寫日記，或者喜歡唱唱歌是有道理的。講到唱歌，我舉一個和昇華有關的唱歌的例子。你也許聽過一首歌——By the time I get to phoenix這首格林・坎貝爾（Gleen Campbell）唱出名的歌，是金・韋伯（Jin Wiber）作的曲。他在讀加州大學音樂系時，作曲這門課沒有通過，當時挫折很大；孰料禍不單行，心愛的女友又離他而去。失望之餘的他買了張機票坐飛機離開，坐在飛機上就作了這首歌，很快就作好了。這也是一種昇華的作用。

六、幽默

一個人有了缺點，而又不能接受，常常會感到挫折。但他要是能夠幽默，便能接受自己的缺點，而能自我解嘲。幽默常常從解嘲自己的缺點開始，但並不是自虐，以苦旦的角色出現；

而是說自己有缺點而能告訴別人，或者自己能夠接受它。

如果一個胖子，大家都喜歡取笑他，跳舞的時候，人家都笑他。而他卻說：「這是胖子跳扭扭舞——肉鬆。」這就是以幽默的方式，接受缺點自我解嘲。所以幽默是處理挫折的一種建設性的方式。

七、集思廣益

當你遭受挫折時，如果覺得一個人能力有限，便可採取集思廣益的方法處理。所謂「三個臭皮匠勝過一個諸葛亮」便是這個意思。

這裡介紹一種集思廣益的方法：腦力激盪術，這個方法是由美國奧斯朋（Alex Osborn）於一九三八年提出的。腦力激盪術可以應用在個人的思考，也可以應用在團體的激發。但主要的用途是在開會時想觀念，或者提出解決問題的辦法時可以收到集思廣益的效果，以突破困境，達到預期的目標。

腦力激盪術最基本的前提是——延緩批評。延緩批評不是不批評，而是把批評擺在最後階段。在運用腦力激盪時，必須堅守四個基本原則：

第一，摒絕批評：我們在思考時，常常因為想不出觀念而產生挫折。原因之一是因為喜歡批評：批評別人、批評自己。批評常使思考不能流暢，不能流暢則不易產生獨創的觀念，好的觀念也就不容易產生了。所以在腦力激盪時，應摒除批評。

第二，自由運轉：這個原則在鼓勵奇特稀有的觀念。進行的過程不要中斷，領導者盡量鼓勵大家想出奇怪的觀念。奇怪的觀念容易激發創造的氣氛，使大家發笑、放鬆氣氛，自然容易產生獨創的觀念。

第三，愈多愈好：這原則是以多「量」當中孕育「質」。量愈多，愈有可能找出質佳的觀念。所以在進行腦力激盪前應先預定一個目標。例如：在十分鐘內想出一百個觀念。但不以一百個爲滿足，愈多愈好。

第四，改進與綜合：利用別人的觀念加以聯想、更改，而產生新的觀念。有時候，可將兩個或三個觀念加以合併而成一個更好的觀念。

以上四個原則，如能確實把握，腦力激盪術是一種很好的集思廣益法。它可以幫助個人，也可以幫助團體解決問題，突破現有的困境，化挫折爲良機，是一種很好的建設性適應挫折的方法。

心得筆記

可以記下你讀了這篇文章後的感想，自我的省視、展望及其他。

3

積極適應挫折的典範

總統教育獎的獲獎人，都是採取樂觀、希望的建設性適應方式因應他們所遭遇到的挫折，他們能夠在困難中看到成長的機會，相信天無絕人之路。

二〇〇一年暑假，在一次學術研討會中，一位來自上海的教育學者認爲：「學校應該設計寒暑假『挫折營』，讓學生學習如何適應挫折。」她的建議立即獲得幾個台灣學者的贊同。這個提議是在回應我所提出的問題，這些年來，台灣的學者專家、教育工作者和企業界領導人都在說：「現在年輕人的挫折容忍力很低。」因爲沒有確切的證據，所以提出這樣的問題。在場來自不同地區的華人學者眞的沒想到，爲了讓年輕人領悟人生，還得故意設計「挫折營」讓他們體驗挫折和學習適應。

刻意設計的挫折

我總認爲，現在年輕人也有其無奈的挫折，例如升學壓力造成的挫折，在衝突訊息多元可

能的社會中定位自己、尋找方向的挫折，可是與談的幾個學者振振有詞地說：「現在的學生不知人間疾苦，在成人的呵護下不能體諒成人，這樣下去，等他們長大成人進入工作場所時，一定很難適應工作上的挫折。」這就是他們設計挫折營的基本原因。

類似挫折營的活動，在日本已經實施一段時間了，他們用的名稱比較積極，例如「冒險教育」，讓學生到野外求生，接受類似「魔鬼營」的訓練，這種冒險教育的活動可以在週末，也可以利用寒暑假舉行，一方面讓過胖的兒童藉機減肥，另一方面讓他們學習在有限的資源下，如何珍惜利用甚至創造資源。在這個過程中，他們必然遭受挫折，但為了生存，他們也必須有效的適應。美國和澳洲的一些學校或民間機構也設計了類似的課程，至少我知道一個澳洲的中學，就讓學生集體到野外接受這樣的教育長達半年之久。

了解了獲得總統教育獎的青少年生命故事之後，我知道，那些主張設計「挫折營」或「冒險教育營」的學者專家，絕對不是為這些獲獎人而說的。其實，這些學者只要建議天之驕子、需要親身體驗挫折的學子，和這些獲獎的學子促膝而談或閱讀他們的故事，不必參加挫折營也可以領會人生的挫折及其有效的適應方式。

最佳的活教材

獲得總統教育獎的同學都經歷過重重的挫折，有些挫折來自身體殘障，如耳聾、眼盲、肢殘，或是幾種罕見的疾病；有些挫折是來自家庭的變故，因變故而延伸出更多的挫折，如受到欺侮、排斥甚至虐待等等。不管挫折的來源是什麼，他們都是在經濟不利與心理壓力下生活求學。這些同學卻能從挫折中學會自愛愛人、從困境中學會奮發向上、從無奈中學會積極變通，他們都是積極適應挫折的典範。

前文提過，心理學家認爲人在遭遇挫折時，通常會採取兩類的適應方式，第一類是破壞性的適應，第二類是建設性的適應。所謂破壞性的適應是攻擊反抗、怨天尤人、自卑退化、束手無策等等悲觀或無補於事的適應方式；所謂建設性的適應是自信堅強、再接再厲、積極變通、尋求協助、運用資源、創意幽默等等樂觀希望的適應方式。

總統教育獎的獲獎人，都是採取樂觀、希望的建設性適應方式因應他們所遭遇到的挫折，他們能夠在困難中看到成長的機會，相信天無絕人之路，因而積極尋求解決的方案，抱持「山不轉路轉，路不轉人轉」的態度，當其他同學正在接受父母豐衣足食的呵護時，他們已經扛起擔負家事、照顧弟妹的責任；當其他同學還不懂得知福惜福時，他們已經在克服困難中學習成長。

這些獲獎人在積極的適應中發揮了自己擅長的智慧，有些同學在演講、作文、外語的學習等語文智慧方面發揮優勢；有些同學則在邏輯—數學方面盡心盡力，而進入數理資優班；有些則在視覺空間方面表現繪畫設計的能力；也有些在肢體—動覺方面展現運動與操作的才能；有

些在音樂智慧上的表現讓人激賞；也有些人成爲自然的觀察者。但幾乎每個人都因累積了自我反省和人際關係的智慧，而得到老師、校長、主任、親友的支持與鼓勵，連一些原來虧待他們的人都必須另眼看待。

是的，如果眞的需要爲那些生活富裕、挫折容忍力低的同學開辦挫折營，只要運用這些人的故事當做教材，讓參與者角色扮演這些故事中的主角以身歷其境、感同身受，他們一定能學習到珍惜已有的資源、增加挫折容忍力、發揮自己擅長的智慧，啓動自我省思、設身處地的EQ。

心得筆記

可以記下你讀了這篇文章後的感想，自我的省視、展望及其他。

4 發揮幽默力

最好的幽默，其實是要懂得超越自虐、自貶而且與人一起笑開煩惱。人與人的關係透過自我解嘲，體會到人間的條件之後，就能更進一步的潤滑人際關係。

二〇〇一年由吳念眞編導、綠光劇團製作的《人間條件》首演時，劇中的對話心情讓我笑中帶淚，在不好意思的情況下，偷看鄰座觀衆的反應，原來他們也像我一樣的感同身受。

《人間條件》裡的阿媽，自律甚嚴、體貼別人，想要有尊嚴的活著。麻煩的是，她是個具姿色的寡婦，卻有個調皮的兒子。而且，她所幫傭的老闆，明白事理又有魅力。在一個健康的社會裡，關心別人是很正常的行為，但她的處境卻讓她遭到許多誤解。她身旁的許多人，大多懷疑她覬覦老闆的外在條件，她不願也不必多作解釋，更何況兩人之間的人情溫暖摻雜了似有若無的異性吸引，就這樣讓自己帶著許多委屈和謎題離開人間。

從理性的角度思考，人死後是不可能再回到人間的，戲劇卻可以創意假設。《人間條件》的編導讓死後的人重返人間，打破條件的限制而彌補心中的缺憾。阿媽就讀高中的孫女阿美因爲父親工作忙碌，母親精神恍惚，掃墓的當天，父母又因選舉關係而必須隨團出遊，她只好受命一人去拜祭阿嬤的墓。阿嬤還活著時，她有心事都會向阿嬤傾吐，阿嬤總能關懷地傾聽，祭拜時因無旁人在場，她也很自然地對著墳墓裡的阿嬤傾吐心聲：她的夢想、她的戀愛、她的功課、她對父母的意見、她的生活、她的挫折。愈說愈順，居然還像唸幼稚園時，唱歌表演給阿嬤看，因爲不管唱得好不好，阿嬤都會讚美，現在的她再也聽不到掌聲，取而代之的是要求和責罵。當她傾吐也表演完後，透過擲筊杯想問阿嬤祭品是否享用完畢，阿美還催阿嬤：「平常妳都吃很快，今天怎麼吃那麼久，妳沒吃完我怎麼吃啊。」

人們在成長的過程中，很有可能發生這類事件，阿嬤就這樣附在這位長得很像自己的孫女阿美的身上，一起回家，黃韻玲一人飾演二角，一會兒是阿嬤，一會是阿美，這種不定時的角色轉換，創造了許多「笑果」。

阿嬤和孫女雖然有血緣關係，也長得很像，卻是兩個年齡差距很大的獨立個體。在舞台上表演時，這兩個獨立的個體合而爲一，這就是創意。這個創意同時也串連了陰陽兩界，劇場裡的笑聲不斷，眞的應驗了「觀賞喜劇能笑開煩惱」的效果，這就是幽默的力量。

自我解嘲是第一步

幽默的確可以讓我們笑開煩惱，觀賞喜劇只是其中之一，我們當然也可以透過蒐集並閱讀

幽默故事、看漫畫、聽別人說笑或在日常生活中主動發現幽默。幽默不僅可以笑開煩惱，也可以讓我們因笑開煩惱而心情愉快，促進身心健康，所謂「一日三笑，百病跑掉」，是有道理的誇張。

幽默也的確可以幫助創意思考，心理學家艾森（Alice Isen）將大學生隨機分組，一組欣賞穿幫鏡頭的影片，這組就叫幽默組，另一組則觀賞幾何圖形的影片，這組叫控制組；最後艾森要求參與實驗的大學生解決相同的問題。成功地解決這個問題需要創意思考，看影片而大笑的幽默組解決問題的速度和結果，顯著地比控制組又快又好。

幽默也可以潤滑人際關係，記得美國總統柯林頓（Bill Clinton）即將卸任時，依年度慣例邀請一千多名媒體記者和名人參加年終酒會，會中播放一部柯林頓拍的短片來自我解嘲，例如卸任後可能在家溜狗澆花等等，當時與會的人都大笑不已。人在笑後心情特別好，心情一好，即使刻薄的人也不再那麼刻薄了。學生希望老師上課幽默，老闆也希望雇用幽默又認眞會做事的員工，因爲大家都相信幽默可用來潤滑人際關係。

幽默是不是可以培養、可以訓練的？當然可以，我認爲自我解嘲是跨出幽默的第一步。我很喜歡也常講的一個故事就是個例子：英國的首相邱吉爾（Winston Churchill, 1874-1965）因爲說話銳利，得罪不少人，也常被誤爲沒有知心好友。蕭伯納是個傑出的劇作家，劇作家最擔心的是自己以爲很好的作品演出時沒有票房。蕭伯納在他的一齣新戲首演之前寄了兩張入場劵給邱吉爾，同時附上一張簡短的紙條：「邱吉爾先生，我的新戲就要上演了，送上兩張票邀請您與您的朋友一起前來觀賞，如果您還有好朋友的話。」邱吉爾在同一張紙條上寫了幾句話，並將兩張入場券一起退回，他的回話是：「我與我的好友一定來觀賞您第二場的演出，如果您還有第二場的話。」交友和看戲是二件無關的事，因爲「如果還有第二……」的創意點子，串連原本無關的交友和看戲，結果讓他們二人互相嘲笑，也自我調侃，笑開煩惱，解除緊張，知心溝通，這就是幽默的力量。

許多研究幽默的學者發現：自我解嘲是幽默感的重要基礎。

活在人間，人一定會有大大小小的缺憾。眼睛太小、個子不高、能言善道卻數學不好、長袖善舞上了台卻結結巴巴……這些個人的缺憾，都是人間不大不小的受限條件。眼睛可以放大，但也不一定要開刀。個子小，可以穿高跟鞋但也可以打赤腳。數學能力也許天生不強，但有增進的空間，至少可以從多元智慧的角度發現「天生我才必有用」的道理並發揮自己擅長的其他潛能。

想要改變也可以改變的，那就去改變，可以改變但沒必要改變，不能改變也放棄改變，關鍵在於人要懂得「接納缺憾」而自我解嘲。對於別人的自我解嘲，可以哈哈大笑的人，他也許是因爲發現別人沒自己好而沾沾自喜；但也有可能是因爲依稀感受到自己終究還是有缺憾而將之合理化，跟著也就自我解嘲起來。這就是《人間條件》裡的阿媽死後仍然遺憾的原因，在天

堂裡，阿媽遇到老闆的司機之後，得知她有些暗戀的老闆居然也來參加她的葬禮後，因爲陰陽兩隔而無法當面表達感恩的心情與了解老闆對她的心意，還好有編導成功的驗證創意假設，阿媽才有機會完成心願，這也可能就是編導激發觀眾感同身受的動機，而觀眾笑中帶淚的反應，正是同理心的「心有靈犀一點通」。

與人一起笑開煩惱

最好的幽默，其實是要懂得超越自虐、自貶而且與人一起笑開煩惱。人與人的關係透過自我解嘲，體會到人間的條件之後，就能更進一步的潤滑人際關係，《人間條件》便具備這樣的條件。

有些人間的缺陷，可以因爲個人的條件不同而獲得改變。但是，如生離死別或天災人禍這些重大的問題，卻不是單靠努力即可解決。有時候，像是好人受到誤解，更是人禍中最大的缺憾。你我都被誤解過，也誤解過別人，而這樣的誤解如果發生在同一個故事裡，那就眞的成了《人間條件》裡的「人間條件」（human condition）。最無奈的人間條件則是生死由不得自己，壯志未酬、感恩未報就走了，這就是爲什麼編導一定要阿媽附身孫女阿美，而終於見到心儀的老闆，表達了感恩也驗證老闆對她的有情有義。

現在的青少年在追求大夢時，難免遭遇到阻力與挫折，像《人間條件》裡的阿美或像艾森的研究中之只看幾何圖形影片的大學生一樣，都需要在面對限制的人間條件時，能夠自我解嘲，能夠笑開煩惱，能夠讓自己的心情變好，能夠讓自己的創意高，能夠身心健康，能夠潤滑人際關係，能夠活得快樂，能夠實現青年的四個大夢。

心得筆記

可以記下你讀了這篇文章後的感想，自我的省視、展望及其他。

5 暴力與疏離

要怎樣消除挫折感，促進人際關係的良好，主要就是擴大公眾我、減少隱私我，免得自己老是陷在憂慮的情況裡。

談到挫折，就不得不談談青少年問題的兩個極端：暴力與疏離的問題。

首先要澄清的觀念就是，一般人常常用「好孩子」和「壞孩子」來劃分青少年，不是好的就是壞的，這樣的說法很不好。而且這個說法還關係到我們對「好孩子」、「壞孩子」的刻板印象。

所謂的「壞孩子」，在一般人的觀念中就是不上進、不用功的孩子。他們可能是逃學的、到處遊蕩的，最後呢？變成用暴力侵害他人。如果他到了用暴力侵害他人，破壞社會的秩序，以社會的標準來說，這是一種病態。

而「好孩子」，就是肯讀書，會考試，然後出國留學，最後呢？他可能在國外成家立業，和我們老死不相往來。這個時候我們才發現：教育投資浪費了，社會栽培人才的期望落空了。

這種疏離的現象，也是一種病態。

當然大部分的青少年不一定這麼極端，但是我們不能否認這個事實，那就是許多青少年正在這兩個極端之間徘徊。這個問題，非常值得我們關心、研究。

教育方式的失當

我們的學校教育，在大學之前常給學生過多的挫折經驗。比如說，在一所著名的高中裡，每次月考的數學成績，總要有一大半的學生不及格。這些不及格的學生當然很挫折，可是他們的數學能力眞的就像考試所表現的那麼差嗎？只要想想，他們是經過多少次淘汰才擠進這所高中的，那麼我們就會明白，問題的癥結可能不在學生的學習能力。

對於學生而言，這種經驗是很挫折的。可是這種情況在許多國中、高中卻很普遍。同時，我們的教育常以智商爲主。這就是說，我們的家庭、學校、社會對學生的評價，是以功課的好壞做爲標準，以爲「功課好，一切好」。其實功課的好壞，尤其是升學考試的好壞，只能表現出一個人的部分能力。但是除了功課之外，其他的音樂、美術、勞作、運動等，在學校又不受到鼓勵，因此一個課業上受到挫折的學生，就沒有發展其他方面專長的機會了。

更重要的是，我們的教育給學生很多挫折，而又沒能有效地教導學生如何處理挫折，怎麼做？如何做？當他受到挫折時，可以拿這些方法來幫助自己。

其實，小學課本裡就有國父經歷十次失敗，最後才革命成功的例子；大家也經常聽到「失敗爲成功之母」的故事。可是我們的青少年，仍然不能解決挫折，仍然不能幫助自己適應。

有四個原因，使得這一方面的教育和預期的結果不一樣：

一、因爲我們常舉些特殊的成功例子，在希聖希賢的傳統下，我們常常拿聖賢的例子教育學生，可是這些例子大多是令人覺得高不可攀、仰不可及的偉人。比如說，國父是偉大的，他創建了中華民國。但是到底「國父」只有一個，以此類的人物做個人心中崇拜的對象很好，如果要做爲一般人行事處世的模範，則似乎不太切實。對於許多人來說，教導他們如何做個健康快樂、適應良好的人，應該是比較迫切而現實的問題，尤其是現在這個急速變化中的社會長大的青少年。

二、所引用的行爲模式和日常生活經驗脫節。比如說使用統一的教科書，如果舉的例子是鄉村的，都市的小孩子可能不了解；如果舉的例子是都市的，那麼鄉村的小孩也可能不懂。而且課本裡的評價，往往又和社會評價不一樣。某些在課本裡推崇的職業，在眞實環境中卻不受重視。這樣子，就造成青少年自小就有「生活和課本是兩套」的矛盾。

這種衝突對女性尤其明顯。在學校裡，女學生常被要求端莊嫻淑，她就這麼做了。可是一畢業踏入社會，開始工作的時候，卻發現要潑辣尖銳才能生存。那麼她有沒有辦法適應這個挫

折就很難說了，至少在這兩套截然不同的行爲模式中，她會覺得無所適從。近年來青少年犯罪中女性比例的增加，這種生活經驗的錯亂可能是原因之一。

三、我們的教育方式似乎相信一個觀念：認爲知識和行爲之間有必然的關係。換句話說，認爲知識的獲得，本身就有使人實踐的力量。其實這是不對的，尤其是道德行爲不僅不受知識的影響，反而是受情緒的左右。比如說：要是有人每次你一要求他都幫助你，有求必應，但是有一次他沒有滿足你的期望，你通常的反應卻是——恨死他了！一筆勾消他以前對你的恩情。像這種事情很明顯的是情感而非理智的反應。

認知與行爲的產生之間是有一段距離的。行爲的產生需要訓練，而學校通常只讓學生做到「知」，而忽略「行」，也就是缺乏實踐的訓練。知與行不能配合，自然就有了問題，所以「言教不如身教」這句話，實在值得教育工作者再三深思。

前面的種種情況下，學業受到挫折的學生，自然不能在學校裡得到任何改善自己困難的方法，於是他們就會有退縮、逃避的傾向。甚至於變成敵視外界，採取一些反社會的行爲，使用暴力來發洩自己的挫折。

四、老師沒有接受回饋的機會。我們的制度，使學生不能直接反應老師的教學成果，在這種情況下，老師不知道如何修正自己。另一方面，「教師」通常被視爲一種普通的職業，那麼任教就好像買門票看電影，先買了再說，完全不能預測將會演什麼。這就是教師的性格是否適合擔任教職的問題。我們不是常聽到對學生要「因材施教」嗎？可是卻沒有對將要做教育工作的人實施「性向鑑定」，先了解他是否適合教導學生。

我們既有的教學環境中，往往只強調「成績好」，而忽略了「教育即生活」，即使是一個受過訓練而且有抱負的老師，也很難突破這種現況。有一位教育系的同學，在進入某個國中教書後，就採取他認爲是啟發式的教學法，讓學生來參與、討論。結果第一次月考成績出來了，他那一班原來是全校名列前茅的，現在卻降到倒數第二名。

一方面因爲學校把各班成績公佈出來，使這位科班出身的年輕老師覺得很不自在，另一方面學生也因爲榮譽感的驅使，便要求老師說：「老師，你打我們吧！我知道你愛我們，但你還是打我們吧！你不逼我們，我們就不會好好唸。」結果這位老師發了狠，放棄自己的理想，採用以前不屑一用的方法——體罰。結果第二次月考，全班名次立刻升回到第二名。這個老師終於達到社會對老師所期望的標準，而且學生的態度也使他以爲這才是眞正的爲學生好。這樣子便沖淡了他因爲沒有堅持理想而產生的愧疚，從此他便心安理得地繼續「執起教鞭」了。

挫折導致暴力行爲

大人們一廂情願的理想中，孩子都是愛讀書的。可是對於那些不愛讀書的孩子呢？我們並沒有提供他任何的場所，或者其他代替讀書的事物。所以他自然要逃學遊蕩，群集在電動玩具

店、網咖裡，消耗他所擁有過多的時間。

人都有嚮往鼓勵、逃避挫折的傾向。當他在學業上受到過多的挫折時，只好追求發洩了。也許因為偶然的使用暴力，他得到了權威感。當對方恐懼的時候，常常會有一種自己受到尊敬的錯覺，以為這樣就可以彌補挫折感。這種事情發生過幾次，便養成習慣，最後終於造成大禍。

到中學的年齡，最容易發生挫折感的便是感情的問題。翻開我們的教科書，沒有一課談到如何與異性交往，如何正確地表達與接受異性的善意，或者如何分辨、調和心理和生理不同需要。更糟的是：大人不僅不能疏導，反而曲解兩性間交往的關係，這樣做是非常不好的現象。

在環境的閉鎖之下，青少年和異性交往的時候，就很容易顯得笨拙，笨拙就容易受到挫折，一旦霸王硬上弓，竟然解決了一切獲取好感的困難，對方也就變成暴力的犧牲品。

紐西蘭等國的心理學家，曾經對男女分校及同校的學生做過測驗，發現分校的學生課業成績雖然比較高，但是同校的學生，在人格發展及心理健康上，都比較均衡與正常。

產生疏離感的原因

生活空間太狹小，是這一代學生最大的問題，也是青少年產生疏離感的基本原因。記得我在當學生的時候，生活空間就只在家庭、學校、電影院的三角型裡打轉；女生更慘，只剩下學校、家庭的一條直線。

這種情況一直到現在都存在著，那麼就有一個問題了：誰能推薦一個位置在市內，而又值得青少年常去休息，或是討論問題的場所嗎？這是相當困難的，我們一般的風氣，並不鼓勵青少年談論公共事務，更不鼓勵他們參與和自己有關的生活的決策，所以他們自然對自己的社會沒有認識，對自己的鄉里也缺乏感情。這樣便形成個人和社會之間長期的脫節。

在這種長期的個人和社會脫節的情況下，如果出國留學了，變成海外的中國人，則又自成一個美國文化下的次文化，生活圈子比國內更難溝通，許多觀念也大相逕庭，自然而然就愈疏離了。

相對地說，疏離感也是參與感長久受到壓抑的結果，萬一爆發出來，就不可收拾。民國六十年的保衛釣魚台事件，就是留學生長久沒有參加國內的事務，一旦聽到自己的國土被別人侵犯了，便掀起「保釣運動」。

以國內的情況來說，比如課堂上的教學方式，一般還是老師在台上講，學生在台下聽，這種教學方式還是很被動，學生仍然缺乏參與的經驗。有些回國教書的人，認爲大學生不發問，或者不會問問題，就覺得很奇怪。其實我們應該以同情的眼光理解大學生的這種學習態度，事情不是這樣嗎？學生從小學開始，就接受講演式的教導，十幾年下來，一旦要他發問，實在也不知道怎麼問才好，自然就會有這個現象。而且我們也比較習慣運用權威的角色壓制學生的參

與，這種情況之下自然會有疏離感的產生。

如何幫助極端的青少年

對於已經走上極端，或者快要走上極端的青少年，我建議以下列三種方法幫助他：

一、自我了解與昇華

西方心理學家曾指出，個人人格可以像一扇窗子般劃成「田」字形，一個是**公衆我**，就是你我都看得到的行爲。一個是**隱私我**，也就是自己保守的秘密。外加一個是**背脊我**，所謂當局者迷，旁觀者清的行爲。最後一個是**潛在我**，它則是自己與別人都沒察覺到的自己的潛力。

要怎樣消除挫折感，促進人際關係的良好，主要就是擴大公衆我、減少隱私我，免得自己老是陷在憂慮的情況裡。要這麼做，**自我坦誠**是個有效的技巧。比如說：「我很想交些朋友，可是我又害怕認識人，我覺得很爲難。」這就是自我坦誠的一個方式，或者說：「他在班上很出風頭，他很聰明，功課非常好，可是自私了點。」這就是你坦白地說出對他的感覺。這樣的話，你就可以讓別人更了解你、認識你，進而你也有機會更認識別人，使你的人際關係變得更和諧、更成熟。

另一方面則要靠親友師長發掘背脊我，如果是稱讚，就會使他有成就感，如果是警告呢？

又可以避免將來的挫折，並且可以獲得誠實的指引，這就是**回饋**的技巧。

最後就是發掘潛在我，譬如說培養一項興趣，進而發展出一種才能，使自己需要發洩的情緒昇華成特殊的技藝。

二、團體輔導

團體輔導也就是利用人際關係訓練消除孤僻及暴力的傾向。近幾年來，「張老師」做過這樣的活動，對於負擔過量挫折感的「虞犯」青少年，由受過訓練的輔導員輔導他們，大約在十人左右的團體中共同生活，並且在生活的過程中運用自我坦誠和回饋的技巧，給他們適當的心理輔導。另外張老師電話及談話後的追蹤輔導，也有相當顯著的效果。

三、親職教育和改變教育方式

親職教育，就是做父母或家長的再教育。「言教不如身教」的意思就是這樣，我們不妨用「劇場教育」，也就是利用戲劇的形式，來指導父母如何才眞正是愛的教育，讓他們在一面做一面討論中發現怎樣從做中學習，從一面做一面討論中發現怎樣做。父母有這樣的行爲經驗之後，才能發揮實際的行爲典範作用。同樣的，教育的方式用演說式也是無效的，應該發揮身教示範的作用，較能使青少年眞正學到適應挫折的方法，及參與的經驗。

心得筆記

可以記下你讀了這篇文章後的感想，自我的省視、展望及其他。

6 回頭是岸

對於情緒、思考都未成熟的青少年，他們犯錯已經很不幸了，如果我們再不給予機會以學習有效的適應社會，只是臭罵、喊殺，難道可以解決問題嗎？

不管是工商業高度發展或者開發變遷中的社會，都有問題少年的存在；而且如果沒有妥善的預防，青少年犯罪和工商業發展的比例是成正比的。美國早自一九七○年代起，十到十八歲被逮捕的青少年人數增加的比例是一○○%，而十八歲以上因犯罪被捕的人犯增加不到二五%。因此，研究美、俄兩國教育的心理學家布朗芬布倫納（Urie Bronfenbrenner, 1917-97）估計，這種趨勢如果繼續下去，每九個青少年中，在十八歲以前就會有一個在少年法庭出現。

成千累萬關於這種問題的研究，有兩個現象特別值得我們重視：一是犯罪少年比較不滿意自己，他們的個人理想與家庭期望之間，往往有較大的衝突。一是他們在挫折、失敗之後，比較缺乏學習及應用再接再厲、迂迴戰術，或窮則變變則通等建設性適應方式的機會；他們會以退化、攻擊、偷竊等反社會的適應方式處理自己的挫折，而造成指謫愈多、信心愈缺乏、對他

人愈不滿意的惡性循環。

如果在問題行爲發生以前或者發生以後，提供他們適當的學習環境，根據個別的能力，以他們能勝任的水準來要求、鼓勵，是不是可以改變他們的問題行爲呢？

少年犯的行爲矯正

心理學家柯恩（L. Cohen）相信，問題少年如果同樣有成功的學習機會、適當的強化環境，應該可以消除不良行爲，適應正規社會的要求。他經過八個月的嘗試錯誤，一九六六年由於聯邦政府的支持，就在華盛頓特區少年輔育院，以**表徵強化**（token reinforcement）的方法建立二十四小時生活管理的制度，來矯正四十一位少年的不良行爲。他希望透過改進他們的課業，幫助他們促進正常的社會行爲。經過一年的實驗，獲得很大的成功。他的設計是：

- 用來實驗的五門主科包括閱讀、英文、科學、數學以及社會研究。
- 由預試和晤談，根據他們的個別能力分成四個學級。每一學級又分三個階段，讓他們以「自學法」循序學習。通過四個學級可進入「假釋階段」，也就是晚上仍住輔育院，白天到外面工作或到正規學校上課。
- 獎勵他們的強化物是點數（points），每當他們通過每一自學單元的九〇%，或者表現良好的社會行爲、做額外工作、衣履整潔時，就可賺取相當的點數。

- 他們的學習環境包括：銀行、圖書館、康樂室、自治會、私人房間等等，另外還有罰款、薪水册等系統。以吃、住爲例，有正規伙食可吃，有通鋪可睡，但如果要吃較好的食物可用點數購買。同樣的，積存足夠的點數，可以租用私人房間；私人房間代表自己的權利、尊嚴、自信和榮譽，可憑自己興趣佈置，穿自己的衣服、聽音樂等等。再以銀行系統爲例，積存一千點可以開户，年利千分之五，等他們有權利外出時，可將點數兑成現款，另外按信用和需要給予新生貸款、教育貸款和緊急貸款。

總之，在這樣一個學習環境裡，每個人慢慢明白所有的權利和享受都必須靠自己的努力賺取，而選擇哪一種權利和享受又是自己可以決定的。再以圖書館爲例，看課外書是一種權利，所以上圖書館必須繳交足夠的點數，但因爲看完書後可以寫心得報告，賺回點數或者換取電影票，就可以產生良性循環，培養學生良好的行爲。

這個實驗成功以後，許多感化院和類似的機構紛紛嘗試這類的方法。後來，在美國堪薩斯州的勞倫斯，一個仿效丹麥、瑞典，以社區爲中心的家庭式的感化所「成就之家」成立了。堪薩斯州立大學（Kansas State University）的一群心理學家由於聯邦政府給予研究基金，和「成就之家」有關的人員合作，發展有效的方法來矯正已被逮捕的犯罪少年和虞犯少年的不良行爲。

他們同樣是用表徵強化的方法所建立的制度。這裡，我們只談對虞犯少年的處理。

虞犯少年的行爲矯正

在每一個「成就之家」裡都有一對扮演父母角色的**教學父母**（teaching parents），他們平常的生活和一般家庭沒有兩樣，不同的只是在於管教的態度。以菲利浦夫婦爲例，他們在讀心理研究所的時候找到這樣的工作，在他們的「家庭」裡，有三個孩子，和許許多多「成就之家」的孩子一樣，他們都來自貧窮的家庭，因爲常打架鬧事或者偷竊，被逮進少年法庭；由於這些孩子的父母或無力養育，或因心理不健康，法庭判定他們無法得到妥善照顧，就把他們送進「成就之家」。在「成就之家」，正規的生活是：早晨七點起床，梳洗、整理床舖、吃早餐；沒有輪到清潔工作的，可以先行離家上學。放學後，回家溫習功課，然後可以看電視或者遊戲。不過看電視或遊戲等等的權利是由他們工作所得的點數來換取的。晚餐之後，照例有人輪流洗碗掃地，通常九點半準時上床。

和少年輔育院一樣，要這些孩子具有的是現在以及將來大家都會同意的做爲一個健全公民應有的行爲：讀好功課、照顧自己、懂得如何抉擇以及如何爲自己的抉擇負責，而這些往往是他們缺乏的。具體的說，這些行爲包括：看報紙、看電視新聞廣播、保持房間整潔、按程度準備功課、洗碗掃地、幫助「父母」「兄弟」、閱讀課外書籍……。而一分耕耘，一分收穫，他們的工作表現可以賺取應得的點數，憑著這些自己血汗賺來的點數，可以得到基本的食衣住行以外的權利和享受。比如：換成零用錢、騎腳踏車、看連續劇、遊戲、上街、熬夜看書、放學後和同學一起聊天……。

如果表現不好，處罰的方法是扣除他們賺得的點數，依照他們犯錯的程度決定扣除點數的多少，比如成績退步、打架、不按時回家、說謊、偷竊……，根據大家共同制定的法則給予不同的懲罰。這樣，他們是否得到獎懲以及獎懲的程度如何，完全依照他們行為表現的好壞來決定；慢慢的，他們學會珍惜自己努力掙得的成果，也知道自己要抉擇什麼，以及為自己的抉擇負責。

「成就之家」的效果如何呢？根據統計，同樣的少年如果接受傳統輔育院的處理，出院之後兩年，再犯的比率是五三%；如果接受保護管束，再犯的比率是五四%；而只有一九%的少年在「成就之家」期間以及離開之後有再犯的現象。同時，以繼續就學以及就學之後成績的表現來說，「成就之家」的孩子也有比較良好的表現。並且應用這種矯正問題少年的方法所花的費用較少，而他們得到的照顧比較多。

成功的教學父母的條件

不同的教學父母採用同樣表徵強化的制度會有不同的結果。握福（M. Wolf）和他的學生經

過一些嘗試錯誤的機會，歸納出成功和失敗的教學父母之間至少有三點不同：

第一，成功的教學父母答覆孩子的問題時，會盡量熱心、婉轉、溫和，使整個家庭充滿積極的氣氛。例如孩子沒把桌子擦乾淨，他們可能先語氣和緩的叫他的名字，然後說：「請你到這邊來，你覺得這樣好了嗎？」或者「再擦一次，會比現在更乾淨。」而失敗的教學父母可能馬上氣呼呼的說：「你怎麼搞的？老是擦不乾淨！」或者「老是擦不乾淨，根本是你偷懶！」

第二，成功的教學父母教他們如何接受批評、與人相處。缺乏自信的青少年之所以和人打架，有時候只是別人看他一眼，他說：「怎麼，你看我不順眼是不是？」被戴上不良少年的帽子之後，他們更容易受到批評和指謫。他們必須學會如何反應、如何接受、如何抗議這些指謫和批評，使他們不再說：「怎麼，你看我不順眼？」或者「你老是挑我毛病幹什麼？」成功的教學父母都有這麼一個觀念：孩子犯錯一次，代表有一次叫他們學好的機會。以身作則，清清楚楚的告訴他們：什麼地方錯了？怎麼錯的？什麼樣才是好的？很快的，他們就學會如何接受批評。

第三，成功的教學父母製造機會，並積極教導孩子自我管理的能力和方法。任何有關他們的決定，不管是扣分、獎勵，都讓這些孩子參與決定，讓他們學會怎麼決定自己的行爲，決定之後怎樣對自己的行爲負責。

這三點其實也就是理想的父母子女，或者師生之間應該有的關係。長者應用具體實際的行動表達溫暖和關心，孩子在上行下效的氣氛下，就能學會如何接受溫暖和關心，同時更進一步的學會給予別人溫暖和關心。

誰能無錯

應用表徵強化的這一批心理學家公開承認，他們經過嘗試錯誤、挫折、掙扎之後，用建設性的方法才發展出成功的表徵強化制度來矯正問題少年的行爲。對於情緒、思考都未成熟的青少年，他們犯錯已經很不幸了，如果我們再不給予機會以學習有效的適應社會，只是臭罵、喊殺，難道可以解決問題嗎？

每當有青少年犯下重大刑案時，很多人就開始檢討不良少年的成因，有的歸之家庭，有的歸之社會，有的歸之學校，好像在做「責任推諉」的旅行，這樣，有些青少年就有藉口不爲自己的行爲後果負責了。

也許我們最迫切需要的，是靜下心來研究怎樣有效的預防問題的發生，以及矯正已經發生的問題。丹麥、瑞典、美國成功的經驗不一定適合我們，卻給我們一個負責任的嘗試錯誤的機會，至少是一個突破性的轉變。其實，表徵強化只是許多成功方法的一種，憑著集體的熱心、責任感、智慧和行動，不斷的實驗，更有效的方法的發現，應該是極其自然的結果。

心得筆記

可以記下你讀了這篇文章後的感想，自我的省視、展望及其他。

7 挫折與昇華

比較理智的人，則從書中得到處理的解決之道，兼顧了情感與理智兩方面，這就是挫折的昇華，由所謂的「高峰經驗」，從而醒悟人生的許多道理。

有很多書都是激勵人要「勇敢活下去」的，例如《代馬輸卒手記》、《閃亮的生命》、《汪洋中的一條船》、《五體不滿足》等，而且都相當暢銷，這是一個很可喜的現象。這些書的作者勇敢地把自己挫折的經驗寫出來，提供給別人作參考，而社會上也對他們的勇氣和信念給予最高的評價，以及最大的鼓勵。換句話說，也就是我們的社會，對於那些生活上遭受挫折而能「勇敢活下去」的人，還是相當支持鼓勵的。

接受自己的「生活的勇者」

一般來講，這些書的作者都在心理或生理上異於常人，尤其是生理上明顯的例子較多，我們通常用「殘障」的字眼形容他們。他們寫書的動機和一般人一樣，只是把自己的經驗自然地

寫下來，出版成書；但這樣的經驗卻較一般的作者特殊。《汪洋中的一條船》就是這樣，他寫的是悲慘而奮發的童年經驗。人的經驗不同，也容易產生不同的作品，那麼這些作者寫下這麼特殊經驗的作品，便是極其自然的事了。把自己的經驗寫下來，提供給和他們一樣遭遇的人，引導別人一起來奮鬥，激起別人的信心，這是他們寫書的動機之一。

另外一種動機，可能是為寫作而寫作。因為他們的動機是寫作，而作者自己又有一些特殊的經驗，這些經驗使他們領悟了人生的一些道理；這種領悟有想表達出來的強烈慾望，掙扎中，他們的這些領悟便超越了生理上的缺陷和困難。

例如莎士比亞（William Shakespeare, 1564-1616）名著中《李爾王》（*King Lear*）的故事便是這樣。李爾王把自己的權力給了兩個女兒之後，卻遭到兩個女兒的放逐，而當初被李爾王趕出去的三女兒卻仍對他一片孝心。這樣的處境下，李爾王看到一個乞丐，內心有著深刻的感觸，便認同了所有貧困的人都和他一樣的遭遇。李爾王的遭遇我們叫做**高潮的經驗**或**高峰經驗**。這說明從一件事情的領悟，而認同了許多的人和道理。

以上所說的，也就是作者超越自己的困境，使自己很坦然、很自在的接受自己生理上的問題，而且能進一步地和其他的人共享一切人生的經驗。

這些書籍會暢銷，必有它外在因素，比如說出版社、報評和他們的朋友。這些人對作者的這般經驗覺得很感動，於是也願意鼓勵他們這樣做。在未能肯定他們的經驗對別人是否有影響之前，由出版家出於暢銷的觀點來看，至少說明他們的經驗可以說服別人，甚至提供對人生的領悟。在這種情況下，他們能夠感到自己本身痛苦的經驗對別人有所幫助，便也願意寫出來。

更實際的問題是，他們有了這些痛苦的經驗，有寫出來的慾望，更希望讓別人也能設身處地的了解他們。當他們想依賴別人的關懷時，生活在他們旁邊的人卻不見得會了解他們；於是他們想令別人了解，而把這些經驗寫出來。

讀者爲什麼買這類書

然而，讀者買這類書，是和他們購買其他書的心理一樣的。一個讀者在購買書籍時，大多會考慮內在因素與外在因素。內在因素就是說，買書的目的，一定是讀者認爲可以滿足他自己的某種需要，或好奇心，或成就動機，或求知慾、惻隱之心等等。不論出於何種動機，一定是對讀者有某些用處，他們才會購買。

像《汪洋中的一條船》這類書的作者，本身都有過不平凡的挫折，這些挫折是相當明顯的——由生理上的挫折而造成心理上的挫折。一個人在遭受挫折的時候，一定會用各種方法克服或「適應」。這個「適應」有兩種，一種是消極的或破壞性的，一種是積極的或建設性的。比較破壞性的適應方法則是把錯誤歸咎於別人，而自己不負這個責任，或者說自己痛苦的經驗是別人造成的，自己不願變好便不是自己的責任。較積極性的適應方法，例如說「勇往直前」，

明明知道自己有這樣的挫折，卻能接納自己的缺點，而把自己的經驗提供給別人作參考；甚至認爲自己雖然有這些缺點，還是有許多別人所沒有的優點。

大抵說來，這些殘障作家都希望在團體中和別人一樣，不希望被他人用同情的眼光看待，而是希望和別人同等相處。當然，他們都有努力的目標及理想，但有人用寫作爲方法達成他們想要達成的目標，有人則選用其他的方式，如運動或別的藝術表現。雖然他們的生理有殘缺，心理則和常人一樣健全，並且可能具有更多的優點。

總之，他們把挫折昇華，以寫作來超越自己的缺點，把它表達出來。如果有些殘障者採用消極性的適應方法，那麼讀者便對他們失去信心；如果他們選用挫折的昇華，以積極的方法處理他們的挫折，接納自己的缺點，任何人都會對他們的勇氣和信念給予最高的評價和鼓勵，讀者爲什麼會購買這類的書，便也顯而易見了。

因爲讀者可以從這類書籍中得到「淨化作用」或「認同作用」，甚至在情感和理智上都能由書中得到一種解決的方法，以防範讀者自己往後可能發生的挫折或衝突，而學習到可貴的適應能力。此外，讀者會買這些書，也許是出於人皆有之的惻隱之心，也許是他有累積的挫折，一時無法取得解決，而這些書可以使他得到發洩或求得解決。

當然，外在的因素也影響讀者是否購買這些書，比如說有人推薦、各種傳播媒體的介紹，報刊、雜誌或人與人之間的口語傳播，讀者必然受其影響。廣告或者名人感受的傾訴，也使讀者增加對這些書的信任度。有些人也可能是因爲好奇心，或者在書店中被這些書吸引了。也有可能是買去贈送親友，因爲書中給讀者「適應」的方法，帶給一般人在困境中求得解決的信念和勇氣。

平凡而切身的經驗更感人

然而，目前書店中也有不少勵志的書籍，銷路卻不見得比《代馬輸卒手記》、《閃亮的生命》等書好，原因是一般勵志的書比較理性式、說教式。而《代馬輸卒手記》、《閃亮的生命》比較是感性、不那麼重理性的。勵志的書告訴讀者理想是什麼，目標是什麼，人生是什麼，好讓讀者達到這樣的目標和理想。或者是舉一些例子，但例子總歸是古時的先聖先賢或偉大的人物。一般的讀者都是平凡的，他們只要從書中得到某些領悟即可，偉人先聖先賢成功的例子離他們太遠了，他們也許覺得自己不可能做得到，那麼這種勵志的書可說是消極的。

然而，《代馬輸卒手記》、《閃亮的生命》等書，則是一些平凡的殘缺的人所寫的親身經驗，可說是積極的。他們告訴讀者如何從困境中慢慢取得信心，再慢慢走向理想中的成功。而且作者都和大部分的讀者生活在相近的環境裡，平凡的事蹟使讀者覺得親切感人，覺得那才是眞正的人生體認。他們都能做得到，爲何讀者就不能做到？無形中，自然能引起讀者的注意和關懷。

所以，這些書籍主要是滿足讀者的關懷和惻隱之心，這是屬於情感方面的。當然，讀者也可能從書中得到發洩。比較理智的人，則從書中得到處理的解決之道，兼顧了情感與理智兩方面，這就是挫折的昇華，由所謂的「高峰經驗」，從而醒悟人生的許多道理。

讓昇華的經驗影響更多人

從出版社的立場來看，出版這些書不一定完全考慮到暢銷的問題，當然他是希望最好會暢銷，然而不可否認的，有的出版商和許多讀者一樣受到感動，認爲這樣的書具有意義，覺得這種書才能給讀者一些東西，並非完全考慮到暢銷與否。既然想出這類書，便也會用各種宣傳廣告打進讀者的心裡。

基本上，我很贊同出版商能出版這類書，給予凡是受到挫折或沒受到挫折、受到心理或生理殘缺的讀者得到好的教育，幫助他們處理自己的挫折，走出自己的挫折。如果讀者、作者、出版商都站在同一層次上，那麼出版這樣的書一定會成功，它的價值也會被肯定。無論如何，我們這個社會有許多人還是迫切地想知道如何處理自己的問題，如何將挫折昇華。

心得筆記

可以記下你讀了這篇文章後的感想，自我的省視、展望及其他。

8 中年人的危機

一個人在快要進入中年時，確實可以仔細思量「危機」這兩個字給我們的啓示，危機不正是「危險」加「機會」嗎？每一次的危險，都隱含著一次成長的機會。

但丁（Alighieri Dante, 1265-1321）的長篇敘事詩《神曲》（*Divina Commedia*），開頭是這樣寫的：「走到人生的中程，我察覺到自己已經迷失在黑暗的森林中，正確的途徑怎麼也找不到了……。」

但丁開始有這樣的感覺，是在他三十七歲的時候。那年是公元一三〇二年，但丁因爲抗拒教皇的權威，被教皇免去義大利佛羅倫斯市最高長官的職位。他是在兩年前三十五歲的時候，獲選擔任這個職務的。當時，他是個理想主義者，有妻有子。哪知道僅僅過了兩年，他竟然已「迷失在黑暗的森林中」，被放逐離開了自己的家鄉，還有什麼比這個更使人恐慌和失落呢？

英國學者賈可斯，隨機抽樣找出三百一十個歷史上公認的畫家、作曲家、詩人、作家等的資料，發現了一件事：這些藝術家在三十五到三十九歲之間，死亡率突然增加。而死於三十七歲的特別多。以音樂家爲例：

- 寫歌劇《卡門》的比才死時候正是三十七歲。
- 三歲就熱愛音樂，四歲學琴，五歲作曲，一生共寫了七部歌劇、三十四首交響曲及二十三首鋼琴奏鳴曲的莫札特（Wolfgang Amadeus Mozart, 1756-91），死的時候是三十五歲。
- 離開多難的祖國，身邊總是帶著一坏波蘭泥土的蕭邦（Frederic Chopin, 1810-49），死的時候是三十九歲。

這些都是西方的名人，他們都在日正當中的中年就撒手人世。然而，現在活著的一般美國或台灣的中年人，是不是也一樣會面臨中年的危機呢？

二十年前，我許多同輩的朋友年齡都在三十五到三十九歲之間。他們一直是許多國人傾慕的對象，讀一流的中學，進一流的大學，最後呢？學而優則出國了！他們曾經有學成歸國、造福鄉里的雄心，而現在卻決心落戶美國了。他們之中有許多人曾和但丁一樣，對自己的國家充滿著理想和抱負，但是他們離開自己的鄉土，不是被放逐，而是多少含有自己選擇的成分。有些人自嘆自艾，把自己比做失根的蘭花；有些人叫著和中國保持血緣的關係；而有些人則默默地替國家做事。然而也總有那麼幾個「有心人」，每次回來探親再去美國時，身邊總忘不了帶幾樣祖國文化的象徵——古董或字畫之類的。

被這個社會排拒的年齡

劉雄飛就是一個例子。讀小學的時候，他寫「我的志願」，就說將來要到美國留學。從小父母就告訴他：「好好讀書，將來大學畢業到美國留學，取得博士學位後，把弟妹接過去，我們兩老也可以來照顧孫子。」劉博士從不曾讓父母失望，一直是社會讚許的對象。如今，他的弟妹都去了美國，分別學成立業了，父母最近也到美國投親。從國內一般的眼光來看，劉博士算是大有成就的，他是美國一所州立學院的系主任，已經取得終身職的正教授資格。貸款買來的房子和汽車也完全屬於他的了。孩子都入了學，平常除了和三、五個中國朋友打打麻將，到中國城吃吃中國菜，也相當熱中於武俠小說。

在那個小城鎮的教堂裡，他經常口沫橫飛的講演中國文化，國內的報紙也偶爾發佈他的新聞。留在國內的親友和同學不時以他做爲子女的楷模。

某年耶誕節，他回來台灣。已經羨慕他的人更羨慕他了，剛認識的也對他肅然起敬。就在這些羨慕聲中，他給我搖了個電話，深夜裡，他重複地說：「我以前所追求的，現在每樣都得到了。如果我以後的三十年，每天重複這樣的生活，我活著還有什麼意義？」我說：「國內有許多人在努力的工作，他們過得很愉快，如果你回國工作也許就不會有那種感覺了。」他說：「問題不在這裡。」我想，他既然不是爲了懷鄉思國，很可能就是面臨了中年人的恐慌。

提到中年人的恐慌，不禁想起多年前的一個晚上，十個三十五歲左右的朋友在一起吃火鍋。其中有一位姑且稱爲江文敬，他的成就比一般留學生大而快，工作七年後，從美國返國探親，他覺得該是自己回國「還債」的時候了。他認爲，自己當時能有成就，是因爲國內社會給了他智慧和教育。他問我：「你在國內做事已經一年多了，如果我回來，不在大學教書，一切從頭來，你覺得我可以做什麼？」我不知如何替他打算，於是一起在當時國內三大報紙的人事欄上尋找工作的機會。我們發現，幾乎所有他可以應徵的工作都規定年齡要在三十五歲以下。那時候，在座的每一個人都驚訝不已，緊接著，每個人露出疑惑、憂慮的神情。江文敬久久沒動筷子，我說：「我覺得不舒服，我想，你一定也覺得難過。」「難過？豈止難過！我覺得恐慌！」他說。

江文敬恐慌什麼？他恐慌的是：「我正想參與這個社會，誰知道我已經跨入被這個社會排拒的年齡了！」後來我當然經常有機會和當時三十五到四十歲之間的這群老朋友相聚，我特別注意到他們的生活感受。好幾次不等我開口，也有老同學主動的提出這樣的問題。除非是糊裡糊塗過日子的人，否則大概都會面臨中年危機。有些人的危機來得早，有些人來得遲，但遲早總是會來的。

心理學家重視的，常常是兒童和青少年，有系統地研究成人的生活，也不過是近十多年來的事。耶魯大學精神醫學系的心理學教授李文遜和他同事有系統地研究了四十個不同職業的男

人，他們的發現和上面提到的但丁、汪文敬等人接近中年的感覺十分相似。

其實，成人和兒童的青少年一樣，也是有發展的週期性。一個人從出生到死亡，必須經歷幾個發展的週期或階段，每一個階段都需要一個生活的架構來引導他，差不多七、八年就得換一次。如果做不到，大部分人就有「不進則退」的情況發生。在三十七歲左右死亡的藝術家中，至少有一部分是因爲恐懼江郎才盡而死的。

七年一度的危機

以離婚爲例，根據美國的統計，半世紀以來，有五〇%的婚姻，維持年數平均爲七年。在我早先處理過的國人婚姻或家庭問題中，第一次考慮離婚的時間也差不多是結婚後七、八年左右，現在或許早些。在美國，離婚是一個社會可以諒解的退路，在台灣，離婚還不太爲社會所允許。我想，有妻有子的中年人，恐怕是「馬殺鷄」、「變相陪酒」、「純陪酒」、「午妻」、「換妻」、「包二奶」等活動中的主要主角。「七年之癢」用來形容中年人的第一次危機，的確相當適合。

之前我們談到的中年人都是男的，難道只有男人才會面臨中年危機，而女人就不會嗎？蓋兒・希伊（Gail Sheehy）寫過一本暢銷書《中年主張》（*Passages*），和其他的美國女作家一樣，希伊也特別重視女人的問題。她在書中對中年婦女面臨的危機提出以下六點看法：

1. 一般的母親，在三十五歲時把最小的孩子送進學校後，開始覺得打發時間是一個很重要的問題。

2. 三十五歲也往往是婦女另一次春情發動的時刻。根據金賽（Alfred Charles Kinsey）博士的研究，如果一個太太眞會不忠於丈夫，三十五到三十九歲的這段時間的可能性最大。另外的許多研究也說明，大多數的女性在三十八歲時達到性慾最強的時刻。女人和男人一樣，到中年很可能會有意無意的挑逗、賣弄風情、幻想，偶而越軌，爲的是驅除心中的恐慌。孩子上學了，沒有很固定的興趣，生活是多麼的無聊！更何況突然發現，自己已經「瘦了腦筋，肥了身體」，這對有些女人來說，眞正的意義是：「在失去外在美之前，這是我恣情放縱的最後一次機會。」

3. 三十五歲，是一般的美國太太重新進入工作環境的時候。

4. 三十四歲是離了婚的女人再婚的平均年齡。

5. 三十五歲是太太離家出走最普遍的年齡。

6. 三十四到三十五歲，是單身女人決定領養子女的年齡。

以上六個美國中年婦女的特徵，雖然僅適合於美國，但在我們這個有意無意地直追美國生活模式的社會中，也會驚訝地發現到，這也是國內女性的中年危機問題。從以往國內推行「兩

個恰恰好」的家庭計劃以後，三十五歲大概就是一般母親把最小的孩子送進學校的年齡，她也可能感到生活上的無聊。中國傳統上認爲三十歲是女人的狼虎之年，雖然比西方早了一點，然而看看許多化妝品或美容的廣告，不是正針對著三十五歲左右的婦女嗎？顯然這些廣告已經了解到中年婦女的恐慌了。

不管是男是女，人的一生都會經過幾段「七年之癢」的經驗。一般心理學家，尤其是發展心理學家，在研究人類的發展時，只注重十八到二十歲以前的人生。其實，十八到五十歲之間才是一生生活的重心，這個時期，可以稱爲「成年時期」。西方所謂「人生是成年人的戰場」，這句話至今無誤。在國內，也正是少壯派的得勢時期。我們可以說，成年的時期是人盡其才的最佳時期。

不進則退的轉捩點

青年以後的生活，並不是呈現長期的高原狀態，中年人的生活同樣地也有起起落落，抑揚頓挫的階段，大約是每七、八年變換一次，而這些改變是可以觀察、可以了解、可以預測的。

第一個有系統地探討人的一生發展的是艾瑞克・艾瑞克森（Erik Erikson, 1902-94），他認爲人生每一個階段的過渡時期都會面臨危機，而這個危機往往是一個人不進則退的轉捩點。在這個轉捩點上，人的潛能特別大，進步或退化、成功或失敗的機會特別多。他將成年人的階段又分爲兩個階段：

一、已經度過的階段。有成就的人清清楚楚地找到自己，和別人建立了親密的關係。他不會在親密的關係中迷失自己或失去獨立，他不會有貌合神離、同床異夢的感覺，也不會覺得自己落單和孤立。相反的，失敗的人即使在夏天緊依偎著伴侶時，也會覺得受到冷落。即使從事領導群衆的工作，或擔任服務社會的職務，也會打從心底覺得落寞和孤單。

二、到中年，人開始進入照顧與關懷下一代的時期。他所扮演的角色可以是父母、教師、醫生、工人……。成功的話，他能積極地將文化中的技能、價值、觀念傳遞給下一代。失敗了，他就變得腐敗、失望，企圖將自己未竟的壯志建立在下一代的痛苦上，或者是爲了避免缺乏安全感而爭權奪利，甚至做一個行屍。

希伊則認爲中年人面臨危機時，經常採取的處理方式有下面三種：

一、尋找託辭：面臨危機時，有些人會尋求醫生清楚簡單的解釋，他會說：「我記憶衰退了，我老了，我胖了，我睡不好覺……」然而這樣的解釋，並不能驅除內心的恐慌，結果懼怕仍然長據心頭。

二、求救的方式：有些人面臨中年人的危機時，總希望尋求一位強而有力的人。這個人的

強而有力可能表現在知識上，也可能只表現在權威上。他所以這樣做，是以爲強者可以幫助他驅除內心的恐懼，而恐懼可以就此消逝。幸運的話，他找到一個了解中年人心理，而又有足夠的經歷和訓練來處理人生困擾的強者，那麼自救的機會就很大。如果不幸找錯人，別人的權威只有增加他的壓力，使他更恐慌而已。

三、忙碌的方式：有些人在面臨危機時，不理會他內心的恐懼，明知其存在而故裝不知，終日忙碌，僞裝地過著機械式的日子。

昇華、再接再厲、幽默

以上這些方法是一般人採用的。藝術家處理中年危機的方法卻不一樣，他們往往用昇華、再接再厲、幽默度過危機。

一、昇華：但丁在四十二歲時完成了他的《神曲》，這樣的方法可以說是昇華的作用。

二、再接再厲：面臨中年的危機時，也可以採取再接再厲、勇往直前的方式處理。米開朗基羅（Michelangelo, 1475-1564）二十九歲時完成「大衛」雕塑，三十七歲完成西斯汀禮拜堂的壁畫，四十歲時完成「摩西」。從四十到四十五歲之間，他進入創作上的冬眠期。四十五歲以後一直到去逝，他的作品又告增加，不減當年，許多的佳作都在這段時間完成了。

三、幽默：勇敢的接受現實，以幽默的態度處理這樣的危機，也是一個有效的方法。作曲家羅西尼（Gioacchino Antonio Rossini, 1792-1868）在三十九歲以前完成了他所有的歌劇，從三十九歲到他死的時候，很少有新的作品問世，有的話也少有創意。然而，他有勇氣公開說自己是四等的鋼琴演奏者，他處處表現出他的智慧、他的幽默、他的快樂。死的時候是七十六歲，葬禮十分浩大。他不僅是一位偉大的作曲家，而且也是一位自我實現的「人」。

危機：危險加機會

雖然，不是每一個人都能像米開朗基羅、羅西尼或但丁，在歷史上留下傳世的創作，但是昇華、再接再厲、幽默卻是適合於每一個人的方法。心理學家艾瑞克森認爲成功的中年人，便是滿足於照顧、關懷下一代的人。做一個好的父母親，便是最普遍的方法；做一個好教師，便有更多的機會和責任使自己成爲一個有成就的中年人。

一個人在快要進入中年時，確實可以仔細思量「危機」這兩個字給我們的啓示，危機不正是「危險」加「機會」嗎？每一次的危險，都隱含著一次成長的機會。

以研究中年人心理出名的紐歌騰和達天（Neugarten & Datan）在一九七四年所說的幾句話，把中國的「危機」兩個字拆開來，下了心理學的注解：

……中年期發生的事件，可能帶給個人新的壓力，也可能帶來機會，讓他表現出更上一層樓的自我，及適應複雜事件的新生力量。

心得筆記

可以記下你讀了這篇文章後的感想，自我的省視、展望及其他。

心得筆記

可以記下你讀了這篇文章後的感想，自我的省視、展望及其他。

心得筆記

可以記下你讀了這篇文章後的感想，自我的省視、展望及其他。